Schweizer Pioniere der Wirtschaft und Technik

88

Bernhard Ruetz

Landis Bau AG

250 Jahre Zuger Bautradition

1759–2009

Verein für wirtschaftshistorische Studien

© Copyright 2009 by Verein für wirtschaftshistorische Studien.
Alle Rechte vorbehalten.
Herausgegeben vom Verein für wirtschaftshistorische Studien,
Vogelsangstrasse 52, CH-8006 Zürich.
Redaktion: Dr. Bernhard Ruetz / lic. phil. Susanna Ruf.
Produktion: R + A Print GmbH, CH-8752 Näfels.

ISBN 978-3-909059-43-0

Inhalt

Vorwort von Peter Hegglin, Landammann des Kantons Zug   9

Landis Bau: Pioniere der Nachhaltigkeit   11

Zug: Ein Kanton der zwei Geschwindigkeiten   15

Handwerkliche Anfänge: Die Gründergeneration

Mathias Landis (1726–1784): Leibeigener des Klosters St. Blasien   17
Treu, friedsam und ehrlich – Befreit von der Abgabe des «Fastnachtshuhns» – Für Liebe und Freiheit – Heirat in Berufsumfeld – 1759: Ausgangspunkt der Landis-Geschichte – In Richtung Süden – Niederlassung in der Herrschaft Buonas – Bau des Vorzeichens

Josef Landis (1760–1834): Solider Kirchenrenovator   22
Bürgerrecht für Josef Landis – Heirat mit einer Willisauerin – Familiengründung – Wandernde Bautruppe mit mehreren Gesellen – Emporen in der Kirche St. Verena – Mitbegründer der Bauleutezunft – Politische Umstände begünstigen Umzug

Moritz Landis (1787–1862): Gute Aussichten in der Stadt Zug   25
Zug: Attraktiv für das junge Paar – Hauskauf in der Vorstadt – Mit Kindern gesegnet – Erst kritisch beäugt, dann etabliert – Schwache politische Stellung der Zünfte

Zeit des Wachstums: Die Pioniere

Leonz Landis (1813–1878): Der Weg zum Erfolg 29
Inspirierender Lehrer – Antrag für Wanderbuch – 1500 km zu Fuss – In Sachsen und Böhmen – Dornige Rückreise – Zäher Beginn – Steigende Bedeutung der Industrie – Erfolg nach 100 Jahren – Privates Glück – Neues Domizil für den Betrieb – Kluger Standortentscheid an der Baarerstrasse – Zeit für neue Infrastrukturen – Erster Bahnhof von Zug – Zusammenarbeit mit Architekt Keiser – Einziger Staatsbau der Innerschweiz – Belegung durch Bourbaki-Armee – Die Jugend «der Gasse entnommen» – Bürger von Zug – Tod im Alter von 65 Jahren – Ansehnliche Hinterlassenschaft – Solides Geschäft mit Wachstumspotenzial – Tapfere Witwe

Johann Landis (1860–1936): Visionär mit grosser Wirkung 43
Zeit des Erwachsenwerdens – Opfer der «Steinhauerkrankheit» – Kaspar Landis: Der stille Teilhaber – Heirat mit Protestantin – Neuer Wohn- und Firmensitz – Die Vorstadtkatastrophe – Freisinniger Retter in der Not – Sauberes Wasser für die Bevölkerung – Zug erstrahlt – Neuer Baustoff Beton – Reservoire und Kraftwerke als Konjunkturmotor – Zurück in die Firma – Aufschwung durch Bau der Gotthardbahn – Alten Bahnhof zerlegt und neu aufgestellt – Zweiten Bahnhof errichtet – Städtebaulicher Katalysator – Neue Materialien für Zug – Unterstützungsaktion für das Steinmetzgewerbe – Bauen mit zwei Geschwindigkeiten – Streng und harmonisch – Alte und neue Techniken Hand in Hand – Werk aus einem Guss – Seilbahn und erster Kran – Repräsentative öffentliche Gebäude – Moderne Nutzbauten – Gediegenes Bauen für Private – Kluge Risikoverteilung – Berufliches und Politisches geschickt verknüpft – Freisinnig mit Leib und Seele – Engagiert für Qualität: Gesamtschweizerisch… – …und in Zug – Günstiger einkaufen – Erfolgreicher Zusammenschluss – Starke Stimme im Verband – Schwere Krise der Bauwirtschaft – Extremer Kostendruck – Neuer Geschäftspartner – Zuwachs an Arbeitskräften – Bauten auf eigene Rechnung – Markante Gebäude dieser Ära – Abdankung in «seiner» protestantischen Kirche – Ergreifende Trauerfeier – Ein grosses Vermögen – Weitsicht und vernetztes Denken – Rahmenbedingungen vorteilhaft mitgestalten

Karl Landis (1896–1965): Führung in schwieriger Zeit 73
Unternehmensgründung im Tessin – Villa auf Brissago-Insel – Einstieg ins Familienunternehmen – Trennung von Heinrich Gysin – Ur-Ur-Urgrossvaters Kundschaft über dem Schreibtisch – Notstandsarbeiten ausgeführt – Verhalten optimistisch – Rationierung der Baumaterialien – Endlich wieder Aufträge! – Neuer Teilhaber – Gründung der Rebmatt-Genossenschaft – Einen Schritt weiter – Preisgünstigen Wohnraum erschliessen – Erstes hohes Haus in Zug – Letzte Jahre – Begeistert auf Reisen – Junge Berufskollegen unterstützt – Solides Erbe

Die Nachfolger: Auf dem Weg in die Zukunft

Viktor Konrad (1914–1971): Im Sinne der Familie   83
Erste berufliche Schritte – Zeit des Wandels – Vorgefertigte Betonelemente auf der Baustelle – «Entenschnabel» für mechanisierten Schalungsbau – Bauen im Grundwasser – Weiteres Hochhaus – Plötzlicher Tod – Die Herzen gewonnen

Karl Rust (*1939): Tradition und Zukunft   89
Bautradition in der Familie – Erste berufliche Herausforderungen – Bewährung in der Konjunkturkrise – Eingefärbten Sichtbeton auf der Baustelle erstellt – Harter Winter, neue Ideen – Im Kampf mit dem Grundwasser – Zerschneiden einer Brücke – Rücksichtsvolle Arbeitsmethoden – Bahnbetrieb aufrecht erhalten – KKL-Projekt unter grossem Zeitdruck – Umweltschutz als Ziel – Teilnehmerin am Innovationswettbewerb – Erneut als Bauträger tätig – Firmenübernahme und Wechsel in den Verwaltungsrat – Politisches und gesellschaftliches Engagement – Mitarbeitertreue als Firmenzeichen

Hans Lampart (1948–2006): Weggefährte in der Geschäftsleitung   99
Wohnraum für Familien – Brückenbauer im doppelten Sinne

Walter Meyer (*1960): Baumeister auf neuen Pfaden   101
Neue Projekte – Ahnherr Mathias wäre stolz

Stammtafel der Baumeisterfamilie Landis   104

Nachwort   105

Anhang   106

Quellen und Literatur   108

Dank   112

Das Verwaltungsgebäude des Kantons Zug, erbaut von Johann Landis, 1912–1915.

Vorwort von Peter Hegglin, Landammann des Kantons Zug

Der Kanton Zug hat sich in den vergangenen 250 Jahren stark verändert: Vom bäuerlich geprägten, dörflichen Leben über die industrielle Entwicklung bis hin zu einem modernen, internationalen Wirtschaftszentrum. Heute zieht der Kanton Zug dank hoher Lebensqualität und attraktiver Standortbedingungen zahlreiche Unternehmen aus dem In- und Ausland an.

Genauso wie der Kanton hat auch das Unternehmen Landis Bau in den vergangenen 250 Jahren eine erstaunliche Entwicklung hinter sich gebracht. Gegründet von einem ehemaligen Leibeigenen, hat der Betrieb sich von einer einfachen Maurertruppe zu einem wichtigen Bauunternehmen im Kanton Zug entwickelt. Er hat das bauliche Bild der Stadt Zug wesentlich mitgeprägt.

Landis: Beispiel für Tradition und Innovation

Landis ist ein besonders gutes Beispiel für ein erfolgreiches Familienunternehmen, das es über die Jahrhunderte hinweg verstanden hat, Traditionen zu wahren und zugleich immer wieder Innovationen zu schaffen. Im Laufe der Zeit hat es zahlreiche stadtprägende Bauten erstellt, vom Bahnhof über das Verwaltungsgebäude und das Theater-Casino bis hin zum ersten Hochhaus der Stadt an der Baarerstrasse. Auch diverse Bauwerke sowie Brückenbauprojekte im übrigen Kantonsgebiet sind unter Landis entstanden. Sogar bis Luzern reicht der Wirkungskreis. Eine Arbeitsgemeinschaft unter der Federführug von Landis baute in den Jahren von 1995 bis 1997 den grossen Konzertsaal des Kultur- und Kongresszentrums, des schweizweit bekannten KKL.

Wichtiger Beitrag zur Stadtentwicklung

Besonders zu erwähnen ist der Beitrag, den Landis für die Stadtentwicklung von Zug geleistet hat: durch Erschliessung diverser Wohnquartiere auf eigene Rechnung. Ohne Landis wären wichtige Stadtquartiere erst später entstanden.

Nach wie vor und mit Sicherheit auch in Zukunft ist Landis Bau ein wichtiger Pfeiler der Wirtschaft im Kanton Zug und Arbeitgeber für 200 Mitarbeitende. Dabei haben die Protagonisten des Unternehmens stets auch eine politische und gesellschaftliche Verantwortung wahrgenommen, sich für das Gemeinwesen stark gemacht. Dies gilt auch für den heutigen Eigentümer der Landis Bau AG, Karl Rust.

Ich freue mich sehr, diesem beispielhaften Betrieb zu seinem 250-jährigen Jubiläum gratulieren zu können. Es ist faszinierend zu sehen, wie ein so geschichtsträchtiges und traditionsreiches Unternehmen gleichzeitig so frisch und innovativ sein kann. Diese spezielle Mischung wird mit Sicherheit ebenfalls in den kommenden Jahrzehnten das Erfolgsgeheimnis von Landis Bau bleiben.

Ich freue mich auf die weiteren Kapitel der Landis-Erfolgsgeschichte im Kanton Zug.

*Hochhaus «Glashof»,
Zug, erbaut 1964/65.*

Landis Bau:
Pioniere der Nachhaltigkeit

Das Unternehmen «Landis Bau AG» aus Zug beschäftigt rund 200 Mitarbeitende und hat eine Fülle stadtprägender Bauten und Quartiere erstellt. Diese Fakten belegen den unternehmerischen Erfolg. Sie allein würden es jedoch nicht rechtfertigen, den Betrieb zum Gegenstand dieses Pionierbandes zu machen; denn erfolgreiche mittelständische Unternehmen gibt es in der Schweiz viele.

Wappen der Familie Landis.

Was Landis Bau speziell macht, ist indes seine Firmengeschichte: Im Jahr 2009 vermag das mittelständische Unternehmen auf 250 Jahre seines Bestehens zurückzublicken. Dies ist aussergewöhnlich. Denn gerade in der schnelllebigen Baubranche, die besonders abhängig von Politik und Konjunktur ist, sind traditionsreiche, über mehrere Generationen bestehende Betriebe eine Seltenheit.

Eines der ältesten Unternehmen der Schweiz

Landis Bau ist damit eine der ältesten, wahrscheinlich sogar die älteste eigenständig gebliebene Bauunternehmung der Schweiz. Sie gehört zugleich zum Kreis der ältesten Firmen des Landes. Der Betrieb kann nicht nur 250 Jahre kontinuierliche Firmengeschichte vorweisen, sondern hat in der gesamten Zeit dieselbe unternehmerische Funktion ausgeübt und annähernd den gleichen Namen getragen. Mehr als 200 Jahre lang, über sechs Generationen, wurde der Betrieb darüber hinaus von Söhnen aus der Familie Landis geleitet.

Nicht das Quartal zählt, sondern Jahrzehnte

Heutzutage, wo ein Management-Trend auf den nächsten folgt, wo Firmenfusionen und Zerschlagungen die Zeitungen füllen, wo Quartalszahlen als Gradmesser von Erfolg und Misserfolg gelten – in diesen Zeiten lohnt es sich umso mehr, die Geschichte eines solchen Ur-Unternehmens zu studieren. Vielleicht lassen sich daraus ja auch Schlüsse ziehen für jüngere Firmen, die ebenfalls an einer langfristigen Geschichte Interesse haben.

Was zeichnet diejenigen Firmen aus, die sich über Jahrhunderte am Markt zu behaupten vermochten? Vielfach handelt es sich um Unternehmen, die sich auf die Besetzung einer wirtschaftlichen Nische konzentrieren und ein langsames, nachhaltiges Wachstum anstreben.

«Saurier» sind meistens Familienbetriebe

Unter den weltältesten Firmen befinden sich überdurchschnittlich viele Familienbetriebe, wie die italienische Glockengiesserei Marinelli, die auf über 1000 Jahre zurückblicken kann, die deutsche Privatbrauerei Zötler, die über 555 Jahre alt ist oder der Schweizer Weinproduzent Fonjallaz, der ein Alter von mehr als 450 Jahren aufweist. Sie alle existierten bereits vor der Industriellen Revolution und den damit entstandenen Aktienunternehmen.

Solche Urfirmen mit einem Alter von 250 Jahren oder mehr sind selten. Diese «Saurier» bieten Produkte oder Dienstleistungen an, die seit Jahrhunderten benötigt und nachgefragt werden, wie Genussmittel, Schmuck, Uhren, Papier, Bücher, Geldhandel oder Bauten.

Traditionsbewusstsein und Mut zum Neuen

Damit sich ein Betrieb Jahrhunderte lang zu behaupten vermag, bedarf es aber noch weiterer Eigenschaften. Im Fall von Landis Bau waren die Faktoren ein grosses Traditionsbewusstsein, gekoppelt mit dem Mut, Neues zu wagen und Zeittrends mit zu gestalten. Was sich durch alle Landis-Generationen hindurchzog, war der Wille, als Baumeister durch Qualität und Innovationen individuell und unabhängig zu bleiben. Hinzu kam das Bestreben, das politische und gesellschaftliche Umfeld zu prägen, zum Vorteil der Gemeinschaft wie auch der eigenen Unternehmung.

Wenngleich die Protagonisten von Landis nicht wirklich zu den Alteingesessenen der Stadt Zug gehörten, machten sie sich doch um die Stadtentwicklung sehr verdient. Sie waren bereit, im wahrsten Sinne des Wortes Neuland zu erschliessen, beschränkten sich aber zugleich klug auf ihre Kernkompetenzen und verzettelten sich nicht in gewagten Nebengeschäften. Diese Strategie sollte sich auszahlen. Sie entsprach auch den Bedürfnissen und der Mentalität der Zuger Bevölkerung und liess Landis zu einem sehr nachhaltigen Bauunternehmen des Kantons und zu einer der ältesten Firmen der Schweiz werden.

Eigenständige Charaktere

Die Vertreter der Familie und des Unternehmens Landis zeichnen sich durch ihre eigenständigen, individuellen Charaktere aus: Schon Urvater Mathias Landis wagte als ehemaliger Leibeigener aus habsburgischen Landen den Schritt in die Selbständigkeit und begab sich als Maurer- und Steinmetzmeister in das Zugerland. Sein Sohn Josef und sein Enkel Moritz zogen vom dörflichen Risch nach Zug. Moritz' Sohn Leonz Landis nutzte die vielfältigen Möglichkeiten, welche die neue Eisenbahnlinie Zug brachte, und baute unter anderem den ersten Zuger Bahnhof.

Persönliches Wagnis

Die grösste unternehmerische Leistung vollbrachte in der fünften Generation Johann Landis. Er prägte das Zuger Stadtbild durch diverse private und öffentliche Bauten, engagierte sich für den Berufsverband und für die Stadtpolitik. Gleichzeitig experimentierte er mit neuen Baumaterialien und -methoden und führte die Firma erfolgreich durch Wirtschaftskrisen und Arbeitskämpfe. Auf der Höhe seines Schaffens ging er ein grosses persönliches Wagnis ein, als er im katholischen Zug zum Protestantismus

Landis Bau: Illustration von René Villiger.

konvertierte. Interessanterweise hat ihm das unternehmerisch nicht geschadet.

Karl Landis aus der sechsten Familiengeneration erschloss in verschiedenen Bauprojekten ganze Quartiere von Zug und schuf so die Voraussetzungen für die Entwicklung einer modernen Stadt mit.

Erste Hochhäuser der Stadt

Sein Kompagnon und Nachfolger, Viktor Konrad, prägte das Stadtbild auf ganz besondere Weise: Er erstellte zahlreiche Hochhäuser. Karl Rust schliesslich führte den Betrieb erfolgreich in die heutige Zeit. Mit dem Brückenbau im grossen Stil erschloss er ein neues Geschäftsfeld. In seiner Ära hatte Landis die Federführung beim Bau des grossen Konzertsaals des «Kultur- und Kongresszentrum Luzern» (KKL).

So behauptet sich Landis Bau bis heute als erfolgreicher Mittelständler und wichtiges Bauunternehmen seiner Region.

KMU als Basis der Schweizer Unternehmen

Landis Bau ist auch ein Prototyp für einen Schweizer Wirtschaftsbetrieb: Fast alle der rund 300 000 Unternehmen in der Schweiz beschäftigen weniger als 250 Mitarbeitende und fallen damit in die Kategorie KMU. Etwa zwei Drittel aller Beschäftigten arbeiten in solchen Unternehmungen. Typisch für Klein- und Mittelbetriebe ist, dass sie durch die Persönlichkeit des Unternehmers geprägt werden. Er ist oftmals Eigenkapitalgeber, oberste Führungskraft und Risikoträger in einer Person.

Auch wenn sich die öffentliche Berichterstattung schwerpunktmässig mit den international tätigen Grossunternehmen beschäftigt, sind es vor allem die KMU, welche die Schweiz erfolgreich gemacht haben. Sie bilden das Substrat, aus welchem die Grossunternehmen erst emporwachsen konnten. Das Anliegen dieses Pionierbandes ist es deshalb auch, die Bedeutung der kleinen und mittleren Unternehmen für die Schweiz explizit zu würdigen.

Aktuelle Ansicht der Stadt Zug mit der Altstadt (rechts unten), dem Zugerberg (rechts), der Neustadt (Mitte) und Zug West (links).

Zug: Ein Kanton der zwei Geschwindigkeiten

Gäbe es einen Kanton zu bestimmen, der gleichsam eine Schweiz im Kleinen darstellt, so wäre es Zug. Er ist kleinräumig und zentral gelegen, ressourcenarm und zugleich aber voller Freiheiten für Unternehmer, mit dem Umfeld vernetzt und gleichzeitig hochautonom – dies sind Faktoren, die nicht nur den wirtschaftlichen Aufstieg der Schweiz geprägt haben, sondern auch denjenigen des Kantons Zug.

Ostschweiz in grossem Rückstand. Die Einwohnerschaft des Kantons war mit rund 17 500 Personen gering, konfessionell homogen und noch stark eingebunden in den regionalen Kreislauf von landwirtschaftlicher und kleingewerblicher Produktion. Die Industrie hatte mit einigen Papierfabriken und Spinnereien entlang dem Fluss Lorze erst zögerlich Einzug gehalten.

Eine der ältesten Photographien der Stadt Zug, 1866. Gut sichtbar ist die Vorstadt vor der Katastrophe (links im Bild). Im Hintergrund am rechten Bildrand ist die Rigi zu sehen.

Puffer zwischen Nordost- und Innerschweiz

Im unmittelbaren Einflussbereich der stark industrialisierten Nordostschweiz und der agrarisch geprägten Innerschweiz war Zug stets ein Zankapfel und zugleich ein Puffer zwischen der reformierten Stadt Zürich und der katholischen Innerschweiz. Noch um 1850 befand sich die Zuger Wirtschaft gegenüber der Nord- und

Dann aber hob sich Zug gegenüber der Innerschweiz durch die mit zürcherischem Kapital forcierte Industrialisierung ab. Um sich gleichermassen dem Sog des Wirtschaftszentrums Zürich zu entziehen, wurden in Zug im Jahr 1930 attraktive Steuergesetze eingeführt, was in den kommenden Jahrzehnten zur Ansiedelung einer Vielzahl von Aktien- und Holdinggesellschaften führen sollte.

In diesem Spannungsfeld zwischen Nordost- und Innerschweiz haben sich in Zug Altes und Neues, Tradition und Innovation stets befruchtet.

Urbanes Zentrum
und Kleinstadt zugleich

Die Stadt Zug ist der Hauptort und das urbane Zentrum des Kantons, aber in ihren Dimensionen mit 26 000 Einwohnern dennoch eine Kleinstadt, der es nie gelungen ist, eine dominante Rolle gegenüber dem Umland zu spielen und damit ein mächtiges Stadtpatriziat und eine starke Zunftordnung hervorzubringen. Das interne Kräftegleichgewicht zwischen Stadt und Land liess auch keine Aggression nach aussen zu, so dass der Kanton territorial keinen Zuwachs erreichen konnte.

Stetes Abgrenzen
und Anpassen

In diesem Milieu des Übergangs, des steten Abgrenzens und Anpassens, vermochten sich ebenso global tätige Firmen zu etablieren wie auch einige alteingesessene Unternehmen zu behaupten. So trifft man im Kanton Zug drei der ältesten Unternehmen der Schweiz an. Ihre Produkte – Getreide, Papier und Bauten – sind Bedarfsgüter, die seit jeher benötigt werden. Eines dieser Ur-Unternehmen ist die Landis Bau AG.

Zuger Baugewerbe:
Stark ausländisch geprägt

Das Zuger Baugewerbe war im 19. Jahrhundert stark von ausländischen oder ausländisch-stämmigen Baumeistern geprägt. So stammte der Urvater der Baumeisterfamilie Landis aus Gutenburg bei Waldshut, das damals zu den habsburgischen Besitzungen gehörte. Leopold Garnin stammte aus Weil am Rhein, Karl Peikert aus Grünberg in Schlesien oder die Strassenbauer Perasso und Trucco aus Italien. Hinzu kamen noch zahlreiche österreichische und italienische Saisonarbeiter auf den Baustellen.

Die zugezogenen Fachleute hatten am Ausbau der Stadt erheblichen Anteil. Die Stadtentwicklung von Zug schien anfangs des 19. Jahrhunderts durch Ummauerung und Türme eigentlich abgeschlossen zu sein, spezialisiertes Gewerbe war kaum mehr anzutreffen. Ab den 1830er-Jahren begann sich dies jedoch zu ändern. Nun setzte die bauliche Expansion gegen Norden und gegen Osten Richtung Zugerberg ein und liess neben der Altstadt auch eine Neustadt entstehen. Der Bau der Eisenbahn hatte einen massgeblichen Anteil daran, dass die ursprünglich mittelalterliche Stadt sukzessive über ihre eigenen Mauern hinauswuchs.

Handwerkliche Anfänge: Die Gründergeneration

Mathias Landis (1726–1784): Leibeigener des Klosters St. Blasien

Der Begründer des Traditionsunternehmens Landis war ein Leibeigener des Klosters St. Blasien. Mathias Landis kam 1726 in Gutenburg am Fusse des Südschwarzwaldes im heutigen ter St. Blasien ebenfalls Besitztümer hatte.

1187 kam die Herrschaft in den Besitz der aargauischen Freiherrenfamilie Gutenburg, nach welcher die

Das Kloster St. Blasien aus heutiger Perspektive.

Baden-Württemberg zur Welt. Gutenburg war eine kleine Herrschaft bei Waldshut und lag im Einflussbereich der Habsburger im sogenannten Vorderösterreich. Die Landis von Gutenburg waren vermutlich Zugewanderte, denn ihr Name ist nicht typisch für diese Region. Möglicherweise stammten Mathias und seine Vorfahren sogar ursprünglich von Gotteshausleuten im Zugerland ab, wo das Klos-

Burg auch benannt wurde. Nach weiteren Besitzerwechseln erwarb 1480 Abt Christoph vom Kloster St. Blasien die Gutenburg und die dazugehörigen Rechte, unter anderem über die Eigenleute.

Treu, friedsam und ehrlich
Mathias Landis erlernte den Beruf eines Maurers und Steinmetzen, wie es fortan alle weiteren Landis-Genera-

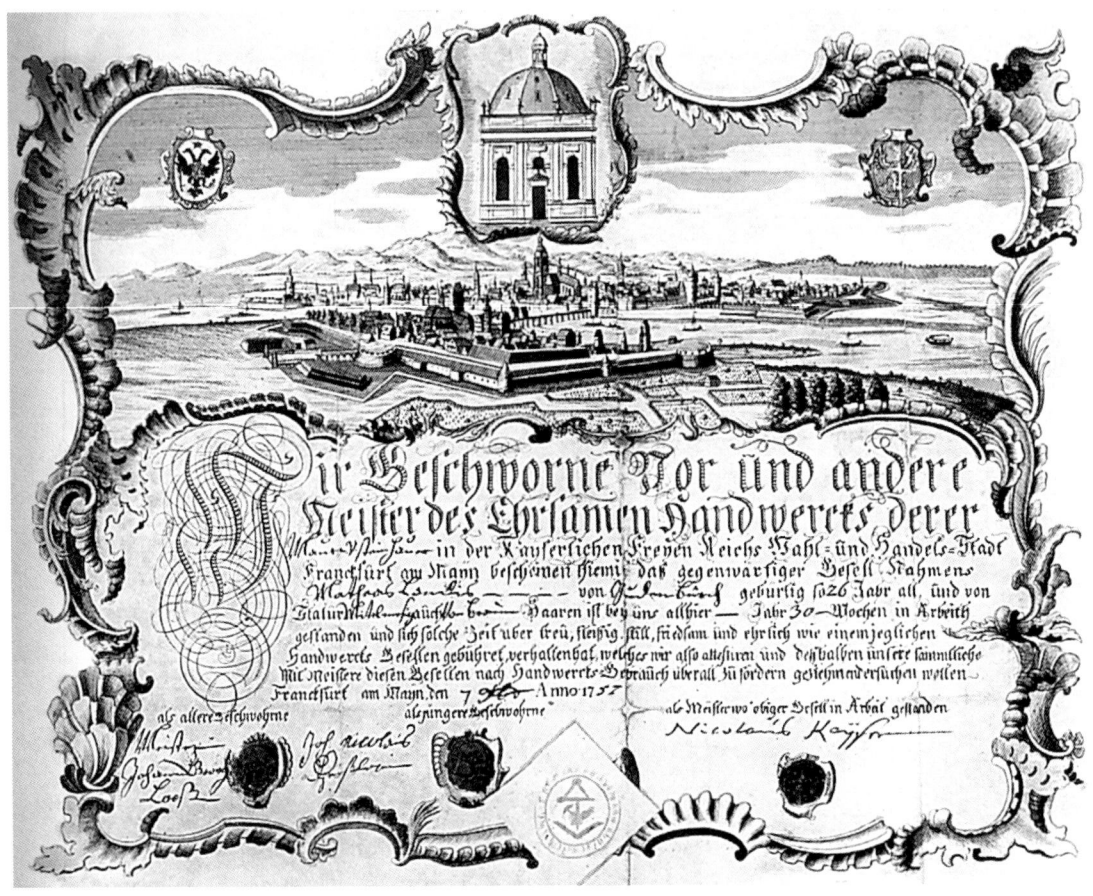

Kundschaft des Mathias Landis, 1752.

tionen tun sollten. Anschliessend ging er als Geselle auf die Wanderschaft. Rund sieben Monate arbeitete er beim Meister Nicolaus Kayser in der freien Reichsstadt Frankfurt am Main. Als Attest für seine Leistung erhielt er eine auf den 7. Dezember 1752 datierte Urkunde.

Diese sogenannte Kundschaft war für den Wandergesellen Mathias das wichtigste Ausweispapier überhaupt. Gemäss der Zunftordnung war es untersagt, Gesellen ohne Kundschaft anzustellen. So bestätigte Meister Kayser, dass der 26-jährige Mathias Landis, von mittelmässiger Statur und mit braunen Haaren, seine 30-wöchige Arbeit «treu, fleissig, still, friedsam und ehrlich» erledigt habe. Die Kundschaft des Stammvaters Mathias Landis wurde fortan von allen Inhabern der Firma Landis sorgfältig aufbewahrt und diente ihnen als Ansporn für Neues und zugleich als Verpflichtung im Sinne des Familienerbes.

Befreit von der Abgabe des «Fastnachtshuhns»

Nachdem Mathias Landis als Handwerksgeselle in Frankfurt und an anderen Orten die Stadtluft geschnuppert hatte, bat er nach seiner Rückkehr nach Gutenburg den Abt Meinrad Troger – er stand von 1749 bis 1764 der Klostergemeinschaft St. Blasien vor – um Entlassung aus der Leibeigenschaft. Er wollte das Herrschaftsgebiet von St. Blasien verlassen, heiraten und als selbständiger Maurer- und Steinmetzmeister arbeiten. Abt Meinrad willigte ein und entliess ihn mit dem

Dokument vom 23. Januar 1758 aus der Leibeigenschaft (Manumission).

Dies war wegweisend für die weitere Geschichte der Familie Landis, weil Mathias von Abt Meinrad aller Pflichten enthoben wurde: Er hatte kein «Fall und Lass» mehr zu geben; das heisst, er und seine Nachkommen wurden von der Abgabe des besten Kleides und des besten Viehs und sonstiger Hinterlassenschaft im Todesfall befreit. In den Worten von Abt Meinrad war Mathias nun aller Pflichten «frey, quith, leedig, lohs». Auch wurde er von der jährlichen Abgabe des «Fastnachtshuhns», einer Vogteiabgabe an das Kloster St. Blasien, losgesagt. Darüber hinaus bot Abt Meinrad an, dass Mathias Landis wieder in die «Jurisdiction» des Klosters St. Blasien zurückkommen könne. In dem Dokument ist keine Rede von einer Loskaufsumme. Es ist aber davon auszugehen, dass gemäss einer mündlichen Abmachung etwas Geld geflossen ist.

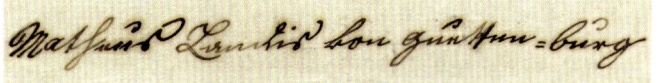

Name von Mathias Landis im Manumissionsschein von 1758.

Für Liebe und Freiheit

Unmittelbar nach seiner Freilassung verliess Mathias Landis die Dorfschaft Gutenburg. Den tüchtigen Handwerker zog es südwärts in das Gebiet der Eidgenossenschaft, in die Heimat seiner künftigen Frau. Seinen Manumissionsschein führte er dabei mit sich, war dieses Dokument doch ein wichtiger Beweis, dass er nicht entflohen war und keiner fremden Jurisdiktion mehr unterstand.

In Kirchdorf in der Gemeinde Obersiggenthal liess sich Mathias für einige Zeit nieder, um dort zu arbeiten und eine Familie zu gründen. Das Gebiet gehörte damals zur Grafschaft Baden und später zum Kanton Aargau. Kirchdorf mit seinen 130 Einwohnern war ihm vertraut, denn das Kloster St. Blasien verfügte im Obersiggenthal über Besitz und war Inhaber der niederen Gerichtsbarkeit.

Der Grund für Mathias' Umzug ins Gebiet der Eidgenossenschaft war Maria Barbara Öchslin aus dem nahe gelegenen Wettingen: Er heiratete die 28-jährige Braut am 6. Februar 1758 in der Kirche St. Peter und Paul in Kirchdorf – ganze 14 Tage, nachdem er Gutenburg verlassen hatte.

Heirat in Berufsumfeld

Die am 18. April 1730 geborene Maria Barbara war die Tochter von Josef Öchslin und Maria Barbara Herzog. Letztere wuchs in Baden auf. Die Familie Öchslin stammt nach den Kirchenbüchern von Wettingen aus Unterwalden. Um 1700 wurde Maria Barbara Öchslins Grossvater, Marquard Öchslin, als Verwalter des landwirtschaftlichen Betriebes des Klosters Wettingen eingestellt. Die Frau des Grossvaters war eine Tochter des damaligen Kloster-Baumeisters Johann Jakob Bumbacher aus dem Zugerland. Eine Tante von Maria Barbara war mit einem Johann Georg Kohlmüller aus Dornbirn verheiratet. Dieser wird im Taufbuch als «cementarius», also als Maurer, bezeichnet.

Mathias Landis heiratete also in sein Berufsumfeld hinein. Offensichtlich kannte er durch seine Wanderschaft die Braut schon seit längerer Zeit. Die beiden Familien Landis und Öchslin waren, so lässt sich aus den Einträgen in den Kirchenbüchern von Wettingen erschliessen, auf der Suche nach Arbeit stetig unterwegs. Als Reiseweg bot sich die Limmat an. Das Kloster Wettingen blieb aber Stützpunkt, wo auch der Bruder oder Onkel von Maria Barbara Landis-

Öchslin, Jakob Öchslin-Manig, bis zu seinem Tod als Stallmeister amtete.

1759: Ausgangspunkt der Landis-Geschichte

Nach der Heirat begann Mathias um das Jahr 1759 als selbständiger Maurer- und Steinmetzmeister zu arbeiten. Wie sich aus den Dokumenten schliessen lässt, war er als Wandermaurer in der Region tätig. So nahm die Geschichte des Familienunternehmens Landis ihren Anfang. Gemäss der Familientradition gilt 1759 denn auch als das Gründungsjahr der heutigen Landis Bau AG.

In Richtung Süden

Ein Jahr später, Ende 1760, kam Mathias' Sohn Josef Anton in Kirchdorf zur Welt. Im Verlauf der 1760er-Jahre zog die Kleinfamilie Landis weiter entlang der Reuss aufwärts in Richtung Süden. Sie wanderte durch das aargauische Freiamt und stiess an die Ufer des Zugersees. Dieser lag eingebettet in eine hügelige, voralpine Landschaft, wie sie auch im Schwarzwald ausgeprägt ist.

Hier im Zugerland fand Mathias Landis mit seiner Familie eine neue Heimat. Einstmals unter habsburgischer Herrschaft stehend, waren die um diese Zeit rund 12 000 Einwohner nun eigenständig, weitgehend rechtsfähig und durchwegs katholisch. Sie lebten in kleinen, verstreuten Siedlungen und betrieben Landwirtschaft, Kleingewerbe und dörfliches Handwerk. Die Häuser waren zumeist ganz aus Holz gebaut oder standen auf gemauertem Sockel und waren noch vielfach mit Stroh oder Holzschindeln bedeckt. Obschon die Verkehrslage Zugs als Drehscheibe zwischen dem Mittelland und der Innerschweiz

Ausschnitt aus einer Karte mit dem Schloss Buonas (links unten), erstellt von Josef Hess, 1779.

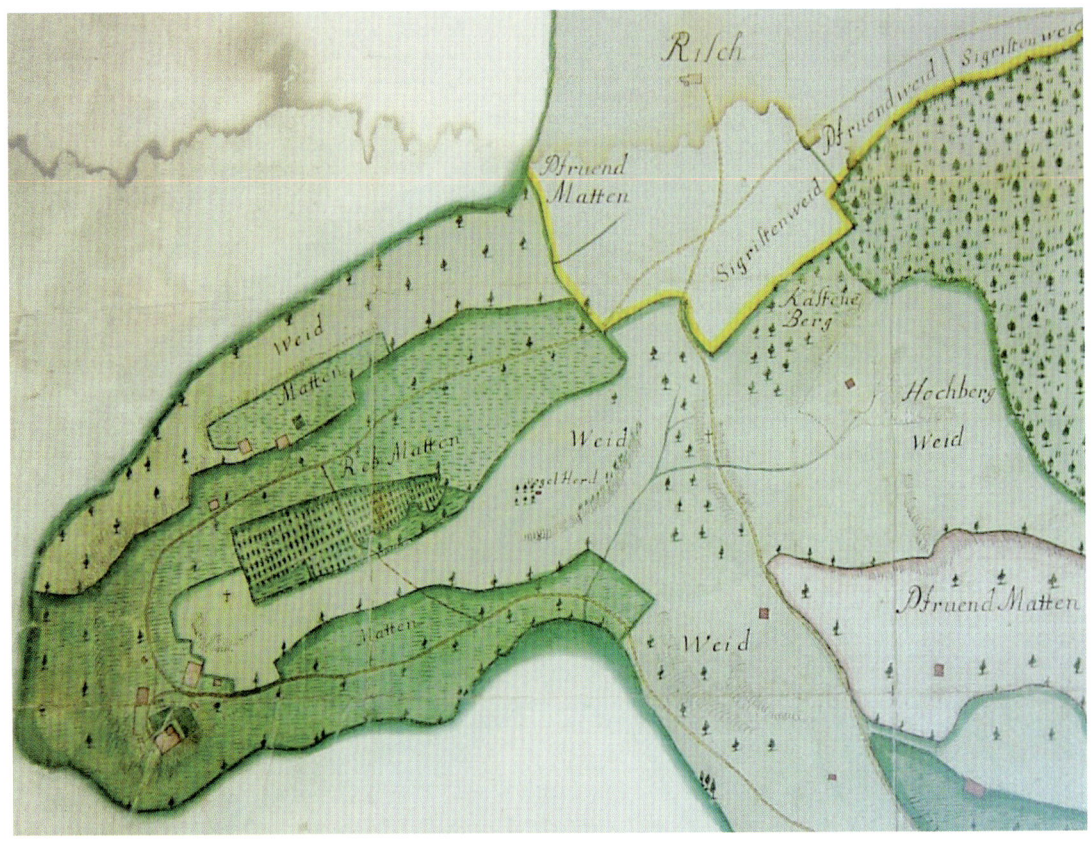

Aktuelle Ansicht vom Schloss Buonas.

günstig war, gab es damals nur wenige und holprige Strassen und Wege.

Niederlassung in der Herrschaft Buonas

Die Landis liessen sich in der Herrschaft Buonas nieder, die mit den Ortschaften Buonas, Risch und Oberrisch einen Teil der 1798 entstehenden Gemeinde Risch bildete. Das weiträumige Streusiedlungsgebiet von Risch grenzte im Nordwesten an das aargauische Oberfreiamt und im Westen und Süden an die luzernischen Gemeinden Honau, Root und Meierskappel. Die Ostgrenze bildete der Zugersee als verbindendes Element zu Luzern und Schwyz und weiter Richtung Gotthard.

Die Herrschaft Buonas war jahrhundertelang im Besitz der luzernischen Familien Hertenstein und Schwytzer. Der Verwaltungs- und Gerichtsort war das auf der Halbinsel am Zugersee gelegene Schloss Buonas. Das kirchliche Zentrum bildete die St. Verena-Kirche in Risch.

Bau des Vorzeichens

Die meisten Häuser von Risch waren aus Holz gebaut und daher für Maurer und Steinmetze wenig lukrativ. Dafür boten sich bei der Pfarrkirche St. Verena, der Friedhofskapelle oder beim Schloss Buonas immer wieder Renovations- und Ausbauarbeiten für tüchtige Fachleute. Besonders das Schloss erfuhr in der zweiten Hälfte des 18. Jahrhunderts eine Um- und Ausbauphase, denn die Burg wurde ein Herrschaftssitz. An solchen Arbeiten war auch Maurermeister Mathias

Landis beteiligt. Seine Familie wohnte in einem der Häuser nahe beim Schloss, gemeinsam mit anderen Handwerkern. In den Jahren von 1771 bis 1775 führte Mathias Landis auch Arbeiten an der Kirche St. Verena aus. Unter der Leitung von Meister Antoni von Böschenrot baute er mit Gesellen das Vorzeichen der Kirche, schreinerte gar die Weihnachtskrippe und erstellte eine Kirchenmauer. Für die 15-tägige Arbeit an der Kirchenmauer erhielt er einen Lohn von 11 Gulden und 10 Schilling.

Einige Aufträge führten Mathias Landis bereits nach Zug, den politischen und kulturellen Hauptort des Standes und späteren Kantons Zug. Dort verstarb er auch im Jahr 1784, während seine Frau noch bis Ende 1792 lebte.

Josef Landis (1760–1834): Solider Kirchenrenovator

Josef Landis ergriff den Beruf seines Vaters und wurde auch Maurer- und Steinmetzmeister. In seinen Jugendjahren half er seinem Vater Mathias bei den verschiedenen Maurerarbeiten am Schloss Buonas und an der Kirche St. Verena. Bald stand er auf eigenen Beinen und betätigte sich als Wandermaurer und Steinmetz in der Region. Doch die Herrschaft Buonas blieb sein beruflicher Mittelpunkt. Als 1782 der Zuger Ratsherr Wolfgang Damian Bossard und der Zuger Spitalvogt Blasius Landtwing das Schloss und die Herrschaft Buonas kauften, leistete ihnen Josef Landis nicht nur am Schloss, sondern auch in der Stadt Zug treue Dienste. Als Bauwerke aus Josefs Hand gelten nicht nur die Käserei des Seehofes Buonas (heute Ortsmuseum) von 1786 und die Käserei des Wendelinshofes (heute Theaterbar) in Holzhäusern, sondern auch das Brenn- und Waschhaus des Katharinenhofs (heute das Clubhaus des Golfplatzes). Mit seiner soliden Maurerarbeit verstand es Josef auch, die Gunst der neuen Schlossherren von Buonas zu erlangen.

Bürgerrecht für Josef Landis

Dies war insofern von grosser Bedeutung, als Josef Landis sich nur dann als Meister dauerhaft etablieren konnte, wenn er kein Fremder mehr war. Am 11. Mai 1786 schliesslich war es soweit: Die Herren Bossard und Landtwing gaben Josefs Bitte nach. Sie erteilten dem 26-Jährigen auf Grund «treuer Dienste und sittlicher Lebensführung» und nach Vorweisen des Manumissionsscheins seines Vaters das Bürgerrecht der Herrschaft Buonas. Somit war Josef Landis von Gutenburg nun ein Einheimischer geworden. Für den Fall der Armengenössigkeit von Josef Landis bürgte Leutnant Karl Franz Moos mit einem Betrag von 600 Gulden.

Heirat mit einer Willisauerin

Wenige Tage nach Erreichen des Bürgerrechts verheiratete er sich mit der acht Jahre älteren Elisabeth Suppiger

Ehemalige Käserei zum Seehof in Buonas. Die Maurerarbeiten stammen sehr wahrscheinlich von Josef Landis.

(1752–1835), die aus dem luzernischen Willisau stammte. Ihre Eltern waren Gualterus Suppiger und Katharina Huber. Die Heirat fand in der Kirche St. Michael in Zug statt. Seine Frau könnte Josef in der luzernischen Gemeinde Root kennengelernt haben. In dieser Nachbargemeinde von Risch waren im 18. Jahrhundert viele Steinbrüche und ein ausgeprägtes Steinmetzgewerbe sowie eine Steinbrecher-Bruderschaft anzutreffen.

Familiengründung

Für den Rest des Jahres 1786 hielt sich Josef Landis als Aufenthalter in der Stadt Zug auf. Neun Monate nach der Heirat kam dort im Februar 1787 sein Sohn Johannes Pius Mauritius

Josephus, genannt Moritz, auf die Welt. Er sollte den Betrieb in dritter Generation weiterführen. Seine Taufpaten waren der Rooter Pfarrer Moritz Huber, ein Cousin von Elisabeth Suppiger, sowie Maria Elisabeth Huber, vermutlich auch eine Cousine. Pfarrer Huber hinterlegte in Buonas überdies einen Bürgschein für die Heirat seiner Base in Höhe von 400 Gulden, da sie «Fremde» war, also von ausserhalb des Zuger Gebietes abstammte. Die Bürgschaft für eine Einheimische hätte nur 200 Gulden betragen.

Im selben Jahr hielt sich die Familie Landis aus beruflichen Gründen erneut in Buonas auf. In den folgenden drei Jahren kamen dort die drei weiteren Kinder auf die Welt. Die Tochter Katharina Josefa Aloisia (1788) starb nur wenige Tage nach der Geburt, ebenso der jüngste Sohn Gregor (1790). Was aus dem Sohn Johann Martin Jakob (1789) wurde, ist nicht bekannt. Unter den Taufpaten der Kinder figurierten der Rischer Pfarrer Gregor Bütler sowie Maria Anna Schwerzmann, die Ehefrau des Kirchmeiers Franz Lutiger in Buonas: Dies ist ein Hinweis darauf, dass Josef Landis als Maurermeister in gutem Ruf stand.

Wandernde Bautruppe mit mehreren Gesellen

Für das berufliche Umfeld sind insbesondere zwei weitere Paten der in Risch geborenen Kinder aufschlussreich: Meinrad Öchslin, der Schwager von Mathias Landis, und Johann Martin Endras. Dieser stammte aus der Familie des berühmten Steinmetzen Anselm Endras des Klosters Wettingen aus Kempten im Allgäu. Bei der Taufe war Josef Martin Endras gerade 16 Jahre alt, sein Vater war ein halbes Jahr vorher im Alter von 50 Jahren verstorben. Hier wird das Unternehmen Landis fassbar: Denn Mathias Landis zog auf der Suche nach Arbeit nicht als Einzelperson durch die Lande, sondern mit einer Bautruppe mit mehreren Gesellen. Das Sterbebuch von Risch überliefert in den Jahren von 1774 bis 1778 noch zwei weitere Familien aus dem Badischen: Familie Isach und Familie Anton Harz, die ebenfalls zu diesem Bautrupp gehört haben müssen.

Emporen in der Kirche St. Verena

Dass Josef Landis 1788 nach Buonas zurückkehrte und vermutlich wiederum auf dem Gebiet der Herrschaft Buonas nahe beim Schloss wohnte, hing mit einem gewichtigen Auftrag zusammen: In den Jahren 1788/89

Auszug aus dem Kopialbuch der Herrschaft Buonas, 1786.

Wir die Gerichtsherren der Freyen Herrschaft Buonas löbl. Kantons Zug in der Schweiz Wolfgang Damian Bossard des Innern Rats und bürgerlicher Säckelmeiser und Hauptmann und Spitalvogt Josef Blasi Landtwing bekennen und tun kund hiemit mänigklichen, dass der ehrsame, fromme und mannhafte Josef Landis, ehemals fürstl. St. Blasien-Herrschaft, laut vorgewiesenem Manumissionsschein seines Vaters Matheus Landis von Gutenburg ermelter Herrschaft gebürtigt, vor uns erschienen und geziemend gebeten hat, wir möchten geruhen ihn als einen Gerichtsangehörigen unserer freien Herrschaft annehmen, um sich alsda zu Buonas sesshaft zu machen.

Die von Josef Landis erbauten Emporen in der St. Verena-Kirche in Risch.

wurde nämlich die Innenausstattung der Pfarrkirche St. Verena umfassend renoviert im Stil des späten Rokoko. Damit wurde der Kirche ein neues Aussehen verliehen. Diese Arbeiten führte Josef Landis aus. Er baute zwei neue Vorkirchen (Emporen) ein, vergipste die Kirche neu und führte Schreiner- und Zimmerarbeiten aus. Dafür erhielt er einen Lohn von 700 Gulden sowie einen Zusatzlohn wegen Mehrarbeit von 54 Gulden und 14 Schilling. Hinzu kam ein Trinkgeld von 25 Gulden wegen «braver Arbeit».

Mitbegründer der Bauleutezunft

In den kommenden Jahrzehnten ist wenig bekannt über Josef Landis. Er arbeitete verschiedentlich als Maurer- und Steinmetzmeister in der Stadt Zug. 1806 taucht sein Name prominent auf als einer von zwölf Meistern, welche die einst mächtige Zunft der Bauleute in Zug wieder aus der Taufe hoben. Diese sollte noch bis 1866 Bestand haben, wurde dann wieder aufgelöst und erst 1941 neu gegründet. 1814 kaufte Josef von der Stadtgemeinde Zug das sogenannte «Leanderhaus» im Süsswinkel, nördlich des Landsgemeindeplatzes. Darin wohnte er mit seiner Frau bis 1828. Anschliessend lebten die Eheleute in Holzhäusern in ihrer Heimatgemeinde Risch, wo sie auch verstarben.

Politische Umstände begünstigen Umzug

Die Niederlassung von Josef und Elisabeth Landis in Zug wurde auch durch die politischen Umstände begünstigt. Der Kanton Zug hatte sich 1814 eine neue, liberalere Verfassung gegeben. Diese war für die Zukunft des Ehepaares insofern von Bedeutung, als darin auch die Rechtsfreiheit aller Kantonsbürger und insbesondere die Niederlassungsfreiheit, also die Freiheit, Liegenschaften zu erwerben und ein Gewerbe zu treiben, verankert waren. Voraussetzung war, dass die Niedergelassenen einen guten Leumund hatten, seit fünf Jahren in Zug ansässig waren, «unbeschwert leben» konnten und gemäss Heimatschein von Risch «zu allen Zeiten» wiederaufgenommen wurden; so legte es die Zuger Kantonsverfassung fest.

Moritz Landis (1787–1862): Gute Aussichten in der Stadt Zug

Moritz Landis.

Moritz Landis führte den Betrieb seines Vaters in der dritten Generation fort. Seine Jugendjahre fielen in eine politisch höchst unruhige Zeit: Im April 1798 waren die Truppen Napoleons auch in das Zugerland einmarschiert und überwanden schnell den bewaffneten Widerstand der Bevölkerung. Risch wurde durch Besetzung und Plünderung der französischen Truppen ebenfalls in Mitleidenschaft gezogen und musste personelle und finanzielle Opfer bringen. In der Zeit der Helvetik (1798–1803) gehörte Risch zum neu gebildeten Kanton Waldstätten. Nach dem gescheiterten Versuch einer zentralistischen Helvetischen Republik erhielt die Schweiz mit der Mediationsakte von 1803 wieder die Struktur eines Staatenbundes. Risch formierte sich im selben Jahr mit neun weiteren Gemeinden zum Kanton Zug. Damit waren Moritz Landis und seine Frau nicht nur Bürger von Risch, sondern auch Zuger Kantonsbürger und Schweizerbürger geworden.

Zug: Attraktiv für das junge Paar

Vermutlich nach einer Wanderschaft als Maurer heiratete der 22-jährige Moritz im Jahr 1809 mit Bewilligung des Gemeinderates Risch die gleichaltrige Anna Maria Katharina Uttinger (1787–1859) in der Pfarrkirche zu Risch. Sie wuchs in der Zuger Vorstadt auf und war die Tochter des Johann Felix Uttinger aus Zug und der Katherina Fähndrich aus Steinhausen. Die Trauzeugen waren ein Bruder und eine Schwester von Katharina. Die Heiratstaxe von 25 Gulden für das Armenwesen der Gemeinde Risch verdiente Moritz bei Gemeindepräsident Wiss ab.

Faktisch pendelte Moritz mit grosser Wahrscheinlichkeit bereits seit längerem zwischen seiner Heimat-

Katharina Landis-Uttinger.

In diesem Haus in der Zuger Vorstadt Nummer 28 wohnten Moritz Landis und seine Familie ab 1809.

gemeinde Risch mit ihren 753 Einwohnern und der Stadt Zug. Denn im kleinen Risch gab es für einen tatkräftigen jungen Maurer und Steinmetzen auf Dauer zu wenig Arbeit. Die Stadt Zug, ein kompakter Siedlungskern mit nunmehr 2400 Einwohnern, versprach auf Dauer bessere berufliche Aussichten.

Hauskauf in der Vorstadt

1814 konnte Moritz von seinen beiden Schwagern, dem Oberwiler Vikar Leonz Uttinger sowie Johann Clausener, ein kleines Haus in der Zuger Vorstadt mit Garten und Hanfland erwerben. Es hatte Katharinas im gleichen Jahr verstorbenem Vater gehört. Möglicherweise handelte es sich sogar um ihr Elternhaus; denn mit dem Kauf verbunden war ein lebenslanges Wohnrecht für Katharinas unverheiratete Schwester Marianna. Der Kaufpreis betrug 800 Gulden.

Die Vorstadt war eine Siedlung, die nordwestlich der Stadt direkt am See lag. Sie war noch bis 1835 von der Innenstadt durch die Stadtmauern und den allabendlichen Torschluss räumlich getrennt. Das tägliche geschäftliche Treiben und der Kirchenbesuch waren davon jedoch nicht berührt. In der Vorstadt lebten vor allem Kleinexistenzen wie Fischer, Handwerker und Gastwirte. Das Seeufer war von ihren Waschhütten, Waschstegen, Fischerhütten, Gärten und Werkstätten gesäumt.

Mit Kindern gesegnet

Wie schon seine Eltern profitierte auch Moritz Landis beim Hauskauf von der liberaleren Kantonsverfassung aus dem Jahr 1814. Bereits ab 1810 hatte sich die Familie erweitert: Dies war das Geburtsjahr der ersten Tochter. Ihr folgten noch 13 weitere Kinder, neun Söhne und vier Töchter.

Ganz der Landis-Tradition verbunden, ergriffen die Söhne den Maurer- und Steinmetzenberuf und gingen auf die Wanderschaft. Drei von ihnen, nämlich Leonz, Melchior und Kaspar, schafften es zum Meister. Kaspar Landis konnte sich in der Zuger Altstadt etablieren. Sein Steinmaterial erhielt er grösstenteils von Steinbrüchen im Gebiet Aiola zwischen Oberwil und Walchwil. Es wurde per Schiff zu den am Seeufer gelegenen Werkplätzen gebracht. Inwieweit die Brüder bei Bauprojekten zusammenarbeiteten, ist nicht bekannt. Auch über das berufliche Wirken von Moritz Landis ist wenig zu erfahren. Gesichert ist, dass er 1813 Gesellen aus Vorarlberg bei sich in der Vorstadt beschäftigte.

Erst kritisch beäugt, dann etabliert

Es ist davon auszugehen, dass die etablierten Zuger Handwerker Moritz Landis und seine Söhne respektierten, zumal sein Vater Josef bereits bei der Neugründung der Zunft der Bauleute mitgewirkt hatte. Oftmals wurden aber Konkurrenten aus dem Umland zunächst mit Misstrauen beäugt und als Nutzniesser der Gewerbefreiheit von den zünftigen Handwerkern allgemein abfällig als «Störer» und «Stümper» bezeichnet. Der letztere Begriff stand ursprünglich für das Arbeiten mit stumpfem Werkzeug, im übertragenen Sinn für niedere Qualität. Dennoch: Tüchtige Maurer und Steinmetzen waren in der Stadt Zug gesucht und aus dem Kantonsgebiet eher willkommen als Auswärtige, sogenannte «fremde Fötzel». Dass es drei Söhne von Moritz zum Meister

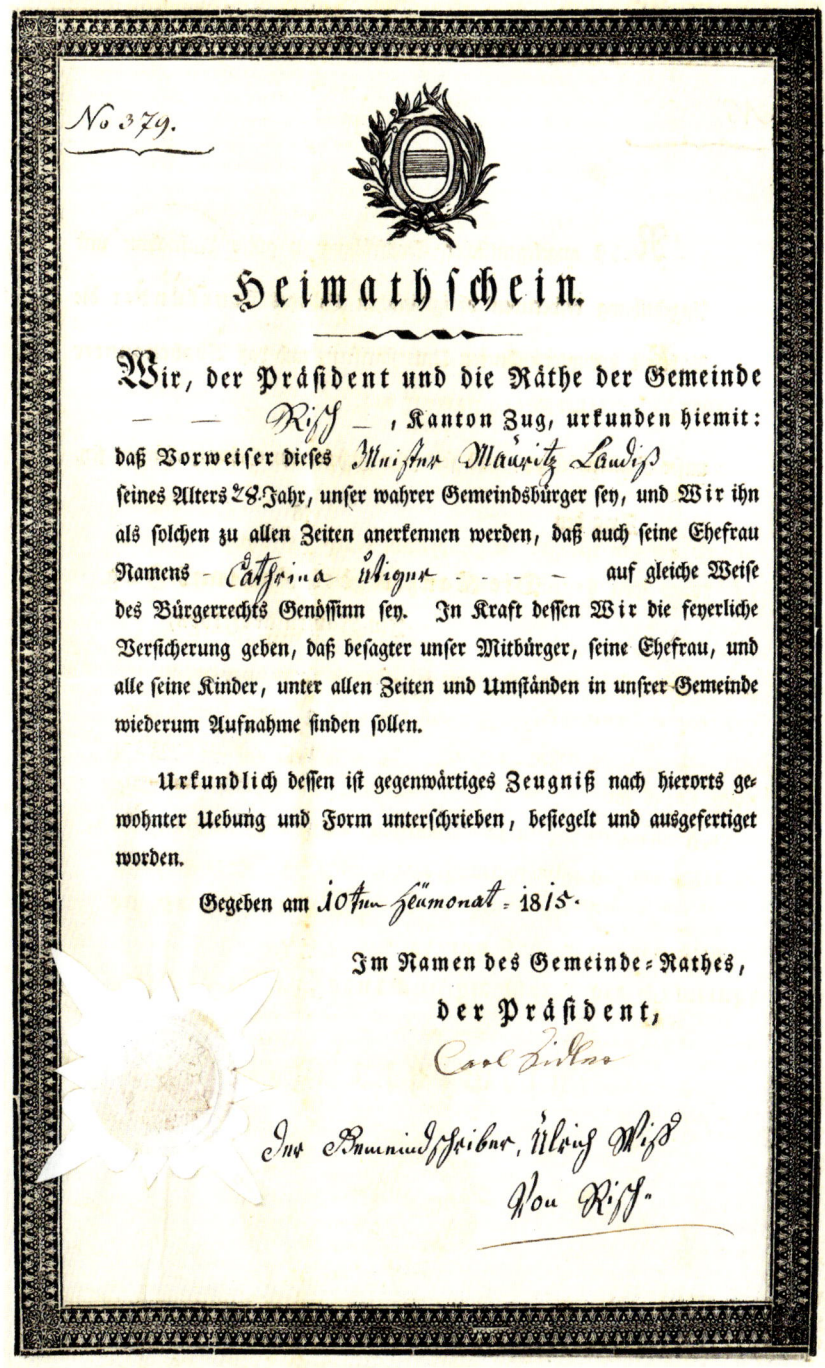

Heimatschein von Moritz Landis, 1815.

schafften, zeigt auch, wie schnell sich die Familie Landis am neuen Wirkungsort zu etablieren vermochte.

Schwache politische Stellung der Zünfte

Vermutlich gereichte es der zugezogenen Familie Landis auch zum Vorteil, dass die Zünfte in Zug seit jeher eine weniger dominante Stellung hatten als in anderen Städten der Schweiz. Die Gewerbetreibenden waren in Bruderschaften mit eher religiösem Charakter organisiert. Hinzu kam, dass im Kanton ein intensives Konkurrenzverhältnis zwischen Stadt und Umland herrschte. Dieses verhinderte allzu mächtige Zünfte oder dominierende Familiengeschlechter.

Das Elternpaar Moritz und Katharina Landis erreichte ein für die damalige Zeit recht hohes Alter: Katharina wurde 72 Jahre, Moritz sogar 75 Jahre alt.

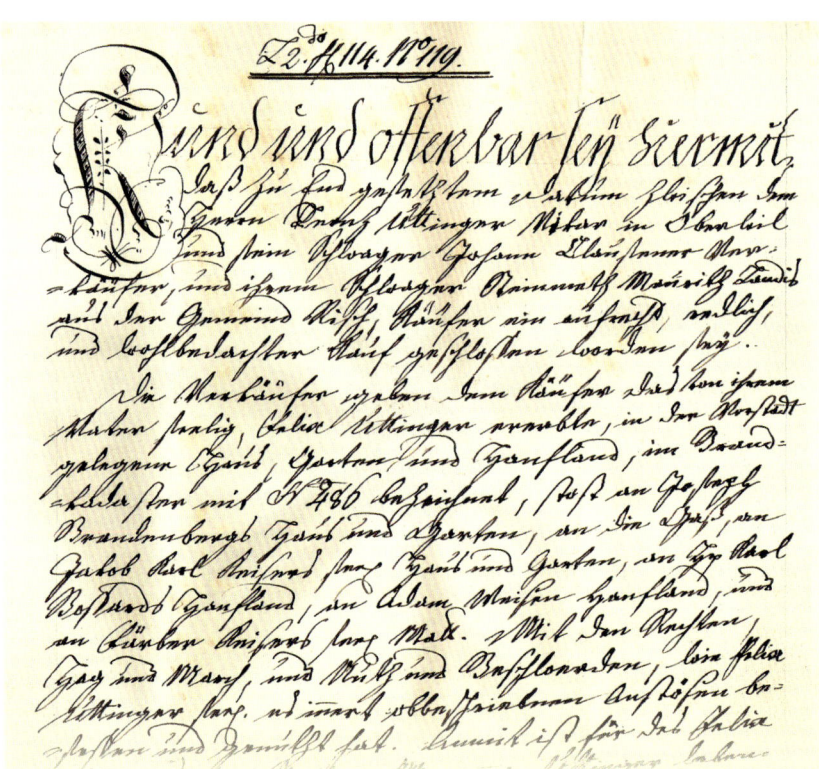

Kund und offenbar sey hiermit, dass zu End gesetztem Datum zwischen dem Herrn Leontz Uttinger, Vikar in Oberwil, und seim Schwager Johann Clausener, Verkäufer, und ihrem Schwager, Steinmetz Mauritz Landis, aus der Gemeind Risch, Käufer, ein aufrecht, redlich und wohlbedachter Kauf geschlossen worden sey.
Die Verkäufer geben dem Käufer das von ihrem Vater seelig, Felix Uttinger, ererbte, in der Vorstadt gelegene Haus, Garten und Hanfland, im Brandkadaster mit N. 486 bezeichnet, stost an Joseph Brandenbergs Haus und Garten, an die Gass, an Jakob Karl Keisers seel. Haus und Garten, an Herrn Karl Bossards Hanfland, an Adam Weisen Hanfland und an Färber Keisers seel. Matt,…

Auszug aus dem Kaufvertrag des Hauses in der Vorstadt, 1814.

Zeit des Wachstums: Die Pioniere

Leonz Landis (1813–1878): Der Weg zum Erfolg

Leonz Landis.

Der Familienbetrieb von Moritz Landis wurde von dessen ältestem Sohn Leonz in der vierten Generation fortgeführt. Mit Leonz begann ein neues Kapitel in der Landis-Firmengeschichte. Hatte Moritz nach der Niederlassung in der Zuger Vorstadt noch in bescheidenen Verhältnissen als Maurermeister gearbeitet, so strebte sein Sohn Leonz nach grösseren Aufträgen. Die Zeit war günstig, denn in der Stadt erwachten die Kräfte der Veränderung in Politik, Wirtschaft und Kultur. Zudem war Leonz Landis bereits als Schüler begabt. Laut Familienchronik bescheinigte sein Zeichnungslehrer dem 19-Jährigen, dass er zweieinhalb Jahre lang die öffentliche Sonn- und Feiertagsschule fleissig besucht und in der Architektur und Baukunde grosse Fortschritte gemacht habe. Ausserdem stellte er den sittsamen und rechtschaffenen Lebenswandel von Leonz positiv dar.

Inspirierender Lehrer

Beim Lehrer handelte es sich um den begnadeten Zuger Maler und Zeichner Wilhelm Moos (1807–1847). Dieser war der erste Lehrer der 1830 gegründeten Sonntagsschule, die später zur Zuger Gewerbeschule wurde. Wilhelm Moos pflegte das Architekturzeichnen und erklärte bei Exkursionen die Schönheiten der Bauwerke in der Stadt Zug. Haupttätigkeit der Lehrlinge in der Zeichenschule war in diesen frühen Jahren wohl das Zeichnen von Ornamenten sowie das Maschinenzeichnen.

Wilhelm Moos war auch einige Jahre lang Mitglied des Stadtrates und dort verantwortlich für die Leitung des Bauwesens. In dieser Funktion war er federführend bei der baulichen Gestaltung des Schanzenplatzes (heutiger Postplatz), auf dem verschiedene Bauten im Stil des Klassizismus erstellt wurden. Mit dem Ausbau der Chamerstrasse im Jahr 1840 wurde überdies eine Nord-Süd-Verbindung ausserhalb des inneren Altstadtkerns geschaffen. Wilhelm Moos trug somit zur Entwicklung der Stadt Zug gegen Norden und Westen wesentlich bei.

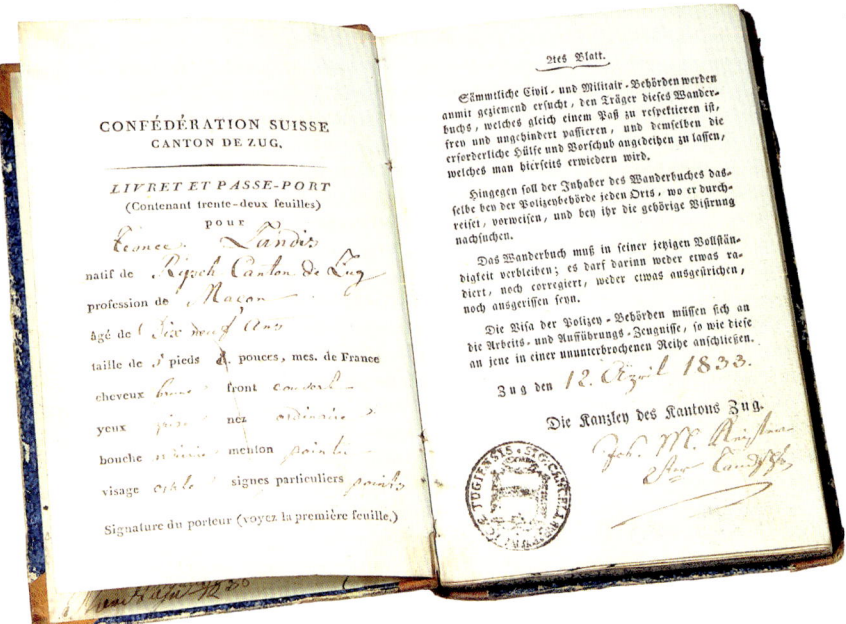

Das Wanderbuch von Leonz Landis, 1833.

Bei der Umsetzung dieses Ausbaus sollten auch sein einstiger Schüler Leonz Landis und dessen Sohn Johann noch eine wichtige Rolle spielen.

Antrag für Wanderbuch

Als Leonz Landis nach Abschluss seiner schulischen Ausbildung 1833 ein Wanderbuch beantragte, um sich auf die Gesellenwanderschaft zu begeben, erlebte Zug erneut eine bewegte Zeit der politischen Spannungen und des wirtschaftlichen Aufbruchs. In der Folge der Pariser Julirevolution von 1830 gelangte in den meisten Kantonen der Schweiz die liberale Bewegung an die Macht und postulierte neue Verfassungen und einen Bundesstaat an Stelle des Staatenbundes. Die politischen Gegensätze verquickten sich mit konfessionellen Konflikten. In Zug mobilisierte die katholische Geistlichkeit gegen eine kleine Gruppe von Zuger Liberalen und deren Ideen einer Bundesrevision. Auch auf wirtschaftlichem Gebiet standen die Zeichen auf Umbruch. Der grosse Zuger Pionier Wolfgang Henggeler (1814–1877), Wirtschaftsliberaler und Freund von Alfred Escher, drückte dem Landwirtschaftskanton seinen Stempel auf. Er gründete 1834 mit der Bauwollspinnerei in Unterägeri die erste Fabrik im Kanton Zug und leitete damit die Industrialisierung ein, die er durch vielfältiges politisches Engagement weiter vorantrieb.

Diese turbulente Situation liess Leonz Landis aber bald hinter sich. Er machte sich nämlich am 15. April

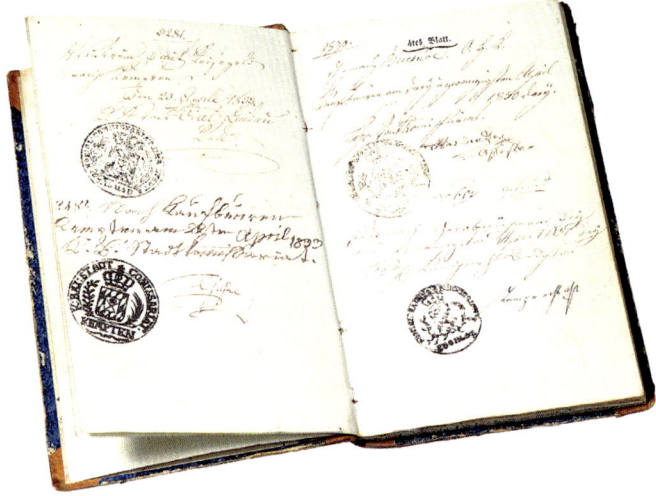

1833, einen Tag nach Abschluss seiner Zeichenausbildung, als Maurergeselle auf die Wanderschaft. Sein Ziel war es, in fremden Handwerksbetrieben neue Erfahrungen zu sammeln und so sein Wissen zu erweitern. Sicherlich wollte er auch ein wenig Geld verdienen: War er doch beim Start seiner Wanderung so arm, dass er nicht einmal die Gebühren für die Aushändigung des Wanderbüchleins bezahlen konnte.

1500 km zu Fuss
Das gut erhaltene Wanderbuch von Leonz Landis belegt, wie weite Strecken er zu Fuss zurückgelegt hat, nämlich mehr als 1500 km pro Strecke. Zunächst führte ihn seine Reise über Zürich, St. Gallen und Lindau ins Allgäu. Dann wanderte er weiter über Augsburg nach München und nach Ingolstadt. Dort kam er am 30. April 1833 – also nach 15 Tagen und 463 km – an, fand für zwei Wochen eine Anstellung und liess sich dies am 18. Mai vom Staatsmagistraten bestätigen.

In Sachsen und Böhmen
Anschliessend wurden die Tagesreisen deutlich kürzer, denn Leonz suchte unterwegs Arbeit. Schon bald fand er eine neue Anstellung: Am 22. Mai begann er eine zweimonatige Tätigkeit

Eindrückliche Wanderschaft: Von Zug nach Pest und zurück, Illustration von René Villiger.

für den Maurermeister Anton Wolefe in Donauwörth. Am 22. Juli zog er weiter in Richtung Monheim, Weissenburg und Bamberg. Eine Woche später erreichte Leonz die Grenze zum Königreich Sachsen und gelangte über Plauen im Vogtland nach Reichenbach. Hier blieb er bis zum 11. November, wie es im Arbeitszeugnis heisst: «Hat seit letzten Visa bei M. Grauchra für gearbeitet und gut betragen geht nach Plan in Böhmen.»

Tatsächlich fand Leonz' Wanderschaft ihre Fortsetzung im Königreich Böhmen und Mähren, als Stationen im Reisepass finden sich Pilsen, Prag und Budweis. Nach der Durchreise durch Linz am 4. Januar 1834 erreichte Leonz Landis kurze Zeit später Wien, Hauptstadt des Kaisertums Österreich, nach neun Monaten Reise. Er fand auch sogleich Arbeit. Insgesamt blieb er vier Jahre in Wien, davon dreieinhalb Jahre bei der Meisterwitwe Theresia Schwarz. Dort arbeitete er, wie ihm im Wanderbuch bescheinigt wird, treu, geschickt und fleissig.

Dornige Rückreise

Ende 1837 zog Leonz Landis weiter, in das 370 km entfernte Pest (das heutige Budapest) im damaligen Königreich Ungarn. Dort arbeitete Leonz ein halbes Jahr lang, bis er schliesslich im November 1838 die Rückreise in die Schweiz antrat. Zum Jahresende kam er in Wien an, von wo er am 20. Januar 1839 nach Salzburg und in Richtung Heimat aufbrach.

Bei seiner Wanderschaft hatte Leonz viele neue Kenntnisse und Fertigkeiten erworben, allerdings war er noch genauso arm wie zuvor. Dementsprechend gestaltete sich seine winterliche Rückreise als Herausforderung – so wurde ihm mangels Reisegeld das Betreten der Ortschaft Reichenhall an der bayrischen Grenze untersagt. Deshalb umging er das bayrische Gebiet über den Stein- und Knie-Pass in Richtung Innsbruck. Den 1800 Meter hohen Arlberg-Pass überquerte er am 13. Februar 1839 und erreichte zwei Tage später bei Oberried die Schweiz. So schaffte Leonz trotz der winterlichen Bedingungen die 760 km lange Rückreise von Wien in etwa vier Wochen. Bei seiner Rückkehr in die Heimat war Leonz Landis fast sechs Jahre unterwegs gewesen und hatte rund 3000 km per pedes zurückgelegt.

Zäher Beginn

Kurz nach seiner Rückkehr in die Schweiz machte sich Leonz Landis in Zug selbständig. Er stand nun im

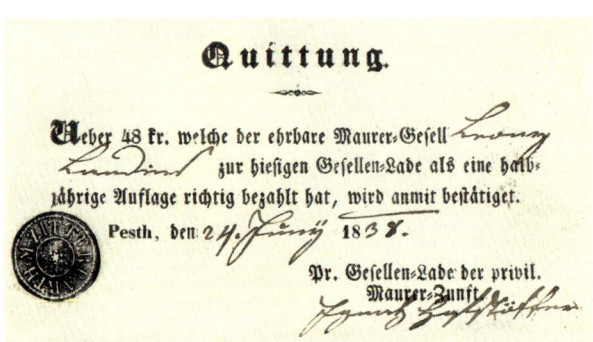

Quittung der Einschreibegebühr in Pest.

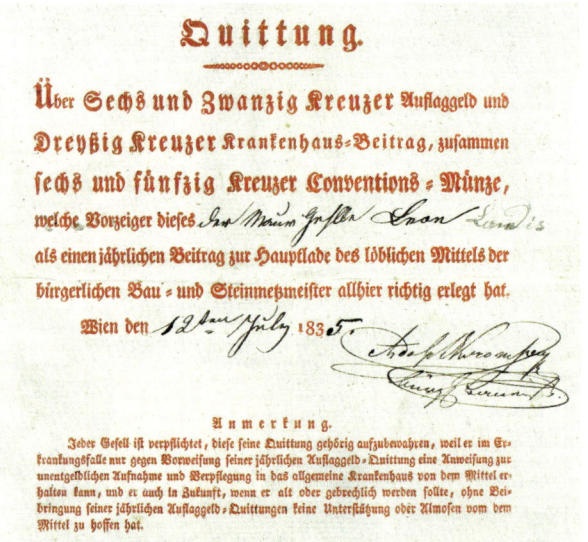

Schon damals existierte eine Art Kranken- und Altersversicherung für die Gesellen.

Der erste repräsentative Bau von Leonz Landis: Die Villa «Unterer Frauenstein» in Zug, an der Artherstrasse 6, unmittelbar am See gelegen, 1850.

Alter von 26 Jahren und verfügte über beträchtliche berufliche Erfahrung. Trotzdem war es nicht einfach, in Zug Fuss zu fassen. Der politische Wind des Aufbruchs hatte sich anfangs der 1840er-Jahre noch einmal gelegt. Es war die Zeit des Wiedererstarkens der konservativen Kräfte.

Zug schloss sich 1846 dem Sonderbund der katholisch-konservativen Kantone der Innerschweiz, Freiburgs und des Wallis an. Zug war auf Mässi-

Freiheit der Strasse: Gesellen auf Wanderschaft

Die Gesellenwanderschaft war traditionell eine Voraussetzung für die Meisterprüfung. Sie dauerte mindestens drei Jahre und einen Tag. Während dieser Zeit musste der Geselle in der Öffentlichkeit seine «Kluft» tragen.

Dazu gehörten: Ein schwarzer (Schlapp-)Hut, ein kragenloses weisses Hemd, Hose, Weste und Jackett, ein Binder sowie dunkle Schuhe. Komplettiert wurde die Kluft durch einen Ohrring, dieser sollte in alten Zeiten das Begräbnis finanzieren, sowie den Stenz, den charakteristisch gewundenen Wanderstab aus Holz. Seine persönlichen Sachen trug der Wandergeselle entweder im Felleisen (ein lederner Rucksack) oder in einem geknoteten Tuch.

Wandern durften nur Gesellen, die unverheiratet, kinderlos und schuldenfrei waren. Denn die Wanderschaft sollte nicht als Flucht vor der Verantwortung missbraucht werden. Zugleich durfte sich der Geselle seiner Heimat in einem Bannkreis von 50 km nicht nähern – in Zeiten ohne Autos und Schnellzüge war dies eine weite Entfernung.

gung bedacht, kapitulierte, trat vom Sonderbund zurück und wurde besetzt. Radikale weltanschauliche und politische Positionen sowie rasche Veränderungen waren den Zugern seit je abhold. So ist es auch zu erklären, dass nach der politisch-militärischen Niederlage von 1847 binnen kurzer Zeit eine neue, dem liberalen Geist verpflichtete Kantonsverfassung ausgearbeitet und per Volksabstimmung angenommen wurde, während die Bundesverfassung als Werk der Kriegsgewinner angesehen wurde und keine Stimmenmehrheit fand.

Steigende Bedeutung der Industrie

Was sich auf wirtschaftlichem Gebiet in den 1830er-Jahren angebahnt hatte, setzte sich mit der Bundesstaatsgründung im Jahr 1848 auf breiter Basis und mit atemberaubendem Tempo fort: Auch im Kanton Zug begann die Industrie Stück um Stück die Landwirtschaft als Haupterwerbszweig zu überflügeln und stimulierte damit auch das Baugewerbe mit zahlreichen privat und öffentlich finanzierten Vorhaben. Neue Baumeister, Architekten und Bauarbeiter wurden auf Zug aufmerksam. Auch andere Berufsgruppen wurden angezogen: In der Lebenszeit von Leonz Landis stieg die Bevölkerung der Stadtgemeinde Zug auf 4800 Einwohner an.

Gemäss der Volkszählung von 1850 belegten die Handwerker in Zug mit einem Anteil von rund 45 Prozent den ersten Platz unter allen Berufsbranchen. Es dominierte mit einem Anteil von fast einem Drittel insbesondere der Bereich Bau, Holz- und Steinverarbeitung. Dazu zählten unter anderem 39 Schreiner, 16 Zimmerleute, 24 Steinmetze und fünf Maurer. Darunter waren aber nicht nur Meister, sondern auch angestellte Bauleute. Trotzdem fand sich in Zug beispielsweise kein Maurer, der beim Fabrikbau der Spinnerei an der Lorze in Baar in den 1850er-Jahren die nötige Erfahrung mitbrachte.

Erfolg nach 100 Jahren

War Leonz Landis bei Antritt seiner Gesellenwanderung noch «mausarm», so konnte er nach weiteren mageren Jahren sein Geschäft endlich auf eine breitere Basis stellen. Den Grundstein legte er 1850. In diesem Jahr baute er an der Artherstrasse die Villa «Unterer Frauenstein» für den Zuger Zahnarzt Carl Bossard. Zur Villa gehörten auch ein Waschhaus sowie ein Badehaus am See. Der Entwurf für diese Bauten

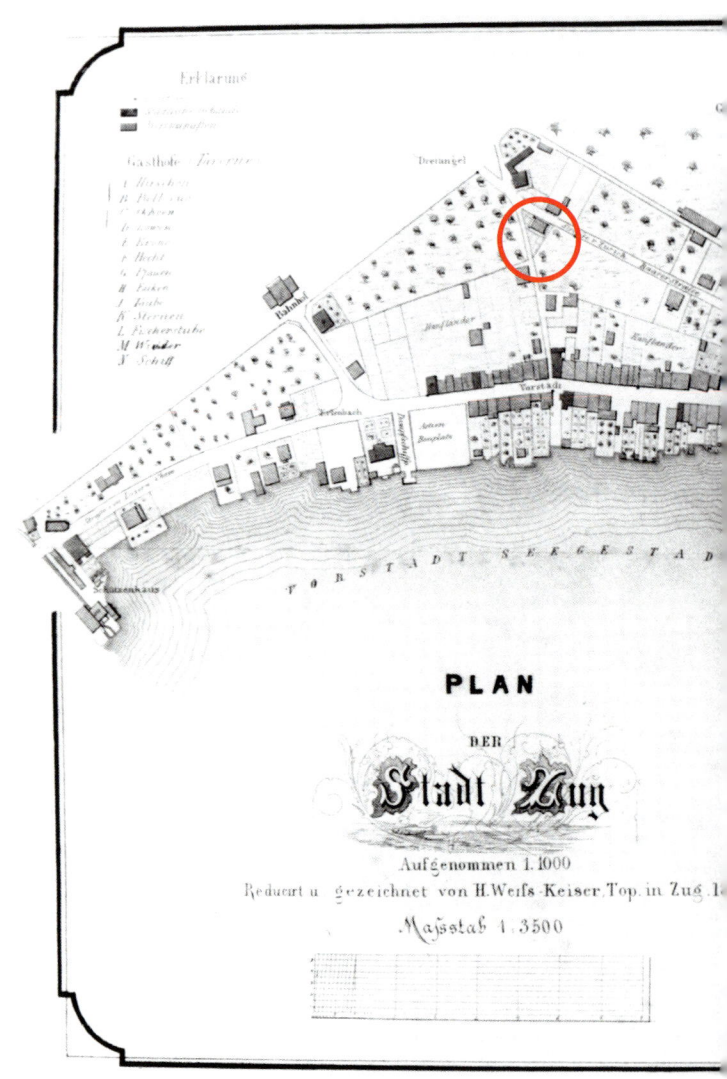

Stadtplan von Heinrich Weiss-Keiser, 1867. Rot umkreist ist das Wiesland, von welchem Moritz Landis 1865 ein Stück erwarb und darauf sein Haus baute.

Das Baarertor kontrollierte bis zum Abbruch im Jahr 1873 den Eingang in die Stadt Zug. Blick von der Bahnhofstrasse her in Richtung Altstadt.

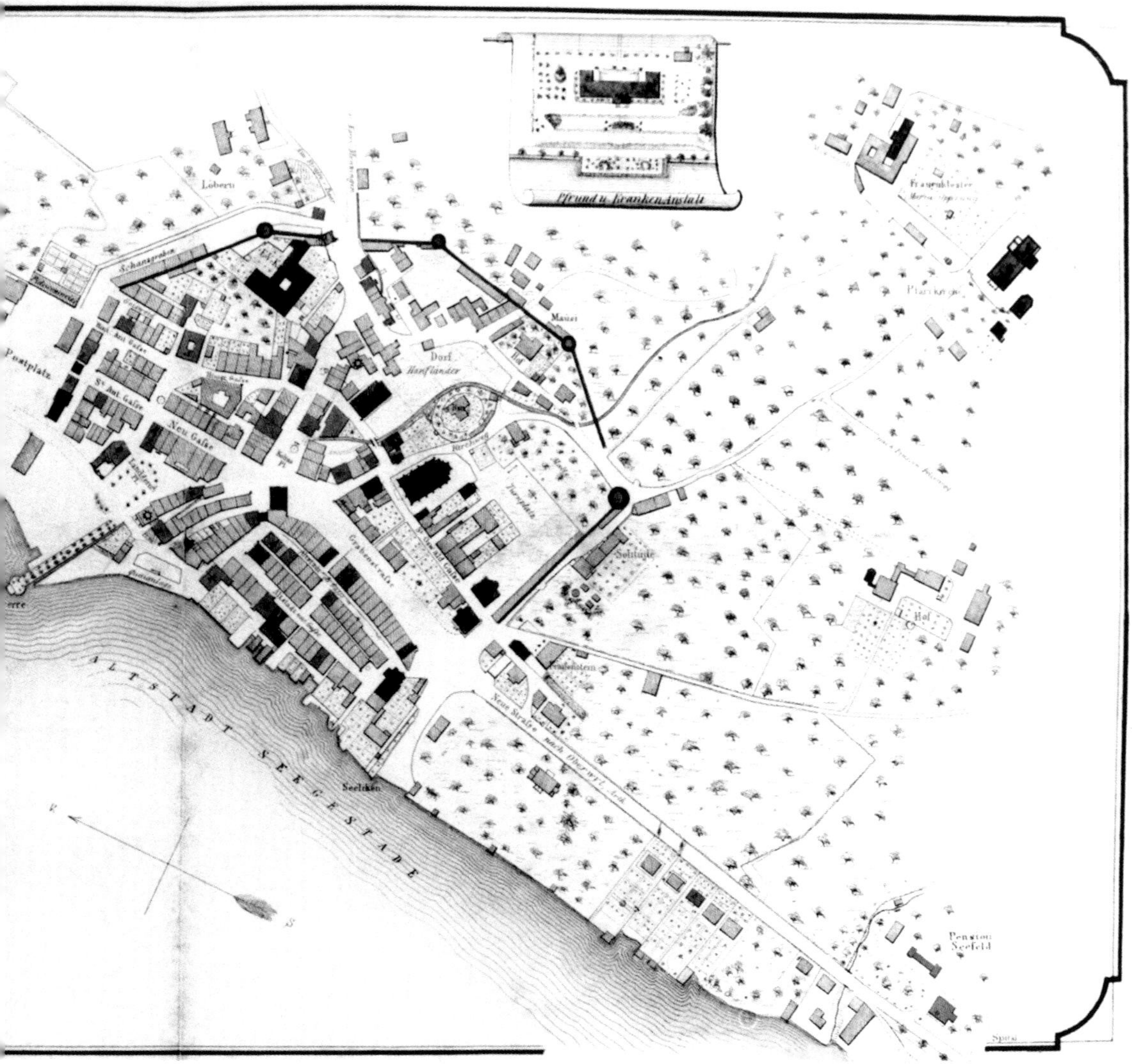

stammte von dem Zürcher Architekten Leonhard Zeugherr (1812–1866), der unter anderem auch die «Villette» in Cham, die Kirche Neumünster in Zürich sowie die Villa Wesendonck, das heutige Museum Rietberg in Zürich, entworfen hatte. Dank den ersten beruflichen Erfolgen konnte Leonz Landis 1858 gemäss einem Kaufvertrag das väterliche Haus in der Vorstadt für eine Summe von 2428 Franken übernehmen. Damit verbunden waren ein Wohnrecht der Eltern sowie die Verpflichtung, für ihre Kosten für Lebenshaltung und bei Krankheit aufzukommen.

Privates Glück

1860 war der Maurermeister Leonz Landis endlich in der Lage, zu heiraten und einen Hausstand zu gründen. Im Alter von 47 Jahren vermählte er sich mit der fast 20 Jahre jüngeren Anna Elisabetha Annen (1831–1918). Sie war die Tochter des Aloysius Annen und der Maria Anna geb. Amman, aus Buosingen (Goldau) im Kanton Schwyz. Im selben Jahr kam der erste Sohn, Johann, auf die Welt, zwei Jahre später Karl und schliesslich 1864 Kaspar.

Elisabeth Landis-Annen.

Neues Domizil für den Betrieb

Im Jahr 1865 kaufte Leonz Landis vom Färber Alois Uttinger, vermutlich einem Verwandten, ein Stück Wiesland von ca. 579 m² zum Preis von rund 7 Franken pro m². Darauf baute er für seinen Betrieb ein Magazin mit Wohnung. Das Grundstück lag an der Baarerstrasse (die heutige Bahnhofstrasse) und grenzte an den Dreiangelweg. 10 Jahre später erweiterte Leonz sein Grundstück um ein weiteres Stück von 54 m², wofür er den Besitzern, den Geschwistern Uttinger, nun rund 11 Franken pro m² zahlen musste.

Kluger Standortentscheid an der Baarerstrasse

Dieser Standort für seinen Betrieb an der Baarerstrasse war strategisch klug gewählt: Denn einige Jahre später wurde das Baarertor als nördlicher

Umtriebiger Querdenker

Ein origineller Zeitgenosse von Leonz Landis war der Zuger Goldschmied Caspar Schell (1811–1869). Dieser umtriebige Querdenker war zeitweilig auch in der Zuger Baukommission tätig, so dass davon auszugehen ist, dass Leonz und er sich kannten.

Caspar Schell war einer der provokativsten und zugleich wohl visionärsten Köpfe im damaligen Zug. Der laut Haftentscheid «Todfeind der Jesuiten» wurde zweimal als junger Mann wegen seiner antiklerikalen Gesinnung und dem Verfertigen von Karikaturen verurteilt.

Der Handwerker entwarf diverse Pläne für die bauliche Gestaltung von Zug. Bemerkenswert ist, dass manche von Schells städtebaulichen Visionen in den späten 1860er- und frühen 1870er-Jahren realisiert wurden, zum Teil mit Beteiligung von Maurermeister Leonz Landis, der zum Beispiel die Stadtkanzlei und das Burgbachschulhaus umbaute oder das Regierungsgebäude miterstellte.

Ein bedeutender Auftrag für Leonz Landis: Der Bau des ersten Bahnhofs von Zug, 1864, damals noch am Stadtrand gelegen.

Der Verkehr auf der Nord-Süd-Achse wird nach dem Bau des Bahnhofes von 1864 allmählich dichter.

Eingang der einstigen Stadtbefestigung abgebrochen. Die Stadttore waren ehemals gewichtig und symbolträchtig. Nun hatten sie ihre Funktion endgültig eingebüsst. Die Öffnung und schliesslich der Abbruch dieser Tore erfolgten entsprechend der wirtschaftlichen und gesellschaftlichen Orientierung der Stadt nach Norden. Gemäss dem «Strassengesetz des Kantons Zug» von 1838 wurden die vom Postplatz ausgehenden Wege nach Baar und Cham zu Strassen ausgebaut und machten damit den Platz zum Ausgangs- und Drehpunkt der Stadtentwicklung in den kommenden Jahrzehnten. Mit dem Entstehen dieser «Neustadt» verlor das Territorium innerhalb der Stadtmauern an Exklusivität. Während in der Altstadt vor allem renoviert und umgebaut wurde, entstanden in der Neustadt zahlreiche private und öffentliche Bauten.

Zeit für neue Infrastrukturen

Mit den politischen und wirtschaftlichen Bestimmungen der Zuger Kantons- und der Bundesverfassung begann die Zeit der öffentlichen Infrastrukturbauten wie Bahnhöfe, Amtsgebäude, Postgebäude, Kasernen und Zeughäuser, Schulen, Spitäler, Strassen und Wasserleitungen. Einige dieser lukrativen Aufträge vermochte sich Leonz Landis zu sichern. Sein Paradestück waren die Baumeisterarbeiten am ersten Bahnhof in Zug, der 1864 als Sackbahnhof an der Bundesstrasse beim heutigen Bundesplatz mit Blick auf den See eröffnet wurde.

Erster Bahnhof von Zug

Bevor die erste Eisenbahnlinie von Zürich durchs Reppischtal nach Zug und weiter über Rotkreuz nach Luzern eingeweiht und der erste Bahnhof in Betrieb genommen werden konnte, musste die Stadt einige Hindernisse überwinden: Zunächst gab es mit dem mächtigen Zürich grosse Konflikte um die Trassenführung, wobei Zug um eine gute Anbindung an die grossen Verkehrswege kämpfte. Dann ging die Bauherrin der Bahnbauten – die «Ostwestbahn-Gesellschaft» – in Konkurs. Als Retterin in der Not kam die «Schweizerische Nordostbahn-Gesellschaft» ins Spiel, welche den begonnenen Bau vollendete. So konnte die Linie Zürich–Zug–Luzern doch wie geplant eröffnet werden.

Der Zuger Bahnhof wurde unter der Leitung des Chefarchitekten der Nordostbahn, Jakob Friedrich Wanner (1830–1903), erbaut. Der Württemberger wurde 1867 in Zürich eingebürgert. Unter seiner Ägide entstanden auch der Hauptbahnhof Zürich sowie der Hauptsitz der Schweizerischen Kreditanstalt am Zürcher Paradeplatz. Spätestens mit den Arbeiten am Zuger Bahnhof war Leonz Landis als Baumeister in Zug etabliert. Auch für die städtebauliche Entwicklung war der Damm gebrochen. In der Umgebung des Bahnhofes entwickelte sich ein reger Grundstückshandel mit markant steigenden Immobilienpreisen. Die Lage war gesucht sowohl von Privatpersonen als auch von Hotelbetrieben, Gaststätten und sonstigem Gewerbe.

Zusammenarbeit mit Architekt Keiser

Im Jahr 1868 stand der komplette Umbau des ehemaligen Zollhauses aus dem 16. Jahrhundert zur Stadtkanzlei an. Diese befindet sich am Kolinplatz im Herzen der Zuger Altstadt. Um mehr Vorplatz zu gewinnen, wurde die Front des alten Zollhauses um rund zwei Meter zurückgesetzt. Die anspruchsvolle Bauausführung der mit Treppengiebeln und einem steinernen Löwen versehenen Stadtkanzlei lag in den Händen von Leonz Landis. Dabei arbeitete er erstmalig mit dem Zuger Architekten und Sägereibesitzer Dagobert Keiser-Henggeler (1847–1906) zusammen. Dieser gründete nach einem Studium der Bautechnik am Polytechnikum in Zürich (die

Das Zollhaus vor seinem kompletten Umbau zur Stadtkanzlei im Jahr 1868 durch Leonz Landis.

Die Stadtkanzlei nach dem Umbau. Aufnahme aus dem Jahr 1952. Im Hintergrund die Renovationsarbeiten am «Zytturm» durch Karl Landis.

Frontansicht des 1869–1873 gebauten Regierungsgebäudes, auf Initiative von Leonz Landis mit Naturstein bekleidet.

spätere ETH) 1875 sein eigenes Architekturbüro in Zug und kam schnell zu wichtigen Aufträgen. Sein erster Sohn, Dagobert, sollte bald einmal der Stararchitekt von Zug werden und mit den Landis weiter eine gute Zusammenarbeit pflegen.

Einziger Staatsbau der Innerschweiz

Bei der Erstellung des Regierungsgebäudes in den Jahren 1869–1873, dem einzigen Staatsbau der Innerschweiz im 19. Jahrhundert, zeigte sich Leonz Landis als innovativer Baumeister. Bis zum Bau dieses Gebäudes besass der Kanton Zug ausser den Kantonsstrassen keinen Meter eigenes Land. Den Boden zum Regierungsgebäude an schöner Lage am See trat die Stadt dem Kanton unentgeltlich ab, worauf dieser eine Summe von 30 000 Franken zum Bau des Gebäudes beisteuerte. Der Architekt des Regierungsgebäudes war der Zürcher Johann Caspar Wolff (1818–1891), der auch die Bauleitung beim ETH-Hauptgebäude innehatte, den Wiederaufbau

Das Regierungsgebäude vom Zugersee aus betrachtet.

von Glarus nach dem verheerenden Brand von 1861 gestaltete sowie die Psychiatrische Klinik «Burghölzli» in Zürich baute.

Belegung durch Bourbaki-Armee

Für die richtige Fundierung des Regierungsgebäudes mussten mehr als 500 Pfähle eingerammt und darauf ein Rost gelegt werden. Für das Erdgeschoss war die Ausführung in behauenem Stein vorgesehen, die oberen Stockwerke in Bruchsteinmauer und die Ecken mit Steinquadern. Als das Erdgeschoss fertig war, war es indes so ansprechend, dass man sich laut der Landis-Familienchronik entschloss, den ersten Stock in gleicher Bauart zu erstellen. Schliesslich wurde auch das obere Geschoss nebst dem Dachgesims in gehauenem Stein ausgeführt. Dieser Vorschlag und eine diesbezüglich günstige Offerte stammten von Leonz Landis. Noch heute gibt die Natursteinbekleidung dem repräsentativen Neurenaissance-Gebäude mit flachem Walmdach ein spezielles Ambiente. Der Rohbau und die Zentralheizung waren eben fertig, als der deutsch-französische Krieg ausbrach. 87 000 Soldaten der französischen Bourbaki-Armee flüchteten in die Schweiz und wurden interniert. Auch der Kanton Zug erhielt einen Teil zugewiesen und quartierte diese Soldaten im Regierungsgebäude ein.

Die Jugend «der Gasse entnommen»

Weiterhin zeichnete Leonz Landis verantwortlich für den Umbau des alten städtischen Spitals (erbaut 1516/17) in das «Burgbachschulhaus» (1874–1876), eine städtische Knabenschule an der St. Oswalds-Gasse. Wie es eine Zeitungsnotiz von 1873 festhielt, gab den Anstoss zu diesem Umbau «die starke Frequenz unserer

Umbau des alten Spitals (Spittel) zum Schulhaus «Burgbach», 1874–1876.

Steuerrechnung von Leonz Landis, 1877.

Primarschule infolge wachsender Niederlassungen und er wird von all denjenigen begrüsst, die es gerne sehen, dass die Jugend so viel als möglich der Gasse entnommen und zum Fleiss und zur Arbeitsamkeit herangezogen wird». Es galt also, das Bildungsniveau zu heben.

Leonz Landis baute das Burgbachschulhaus im neugotischen Stil um, wobei er in der Innengestaltung den Längskorridor des alten Spitals übernahm. Das Gebäude wurde bis auf den ersten Stock abgetragen und neu aufgebaut. Architekt war wiederum Dagobert Keiser senior. Rund 25 Jahre später baute Leonz' Sohn Johann das Turnlokal in einen Musiksaal um.

Bald war die neue Burgbachschule voll ausgelastet – mit 203 Primar- und Sekundarschülern, die von fünf Primarlehrern, drei Sekundar-, zwei Religions- und zwei Musiklehrern sowie einem Zeichenlehrer unterrichtet wurden.

Bürger von Zug

In Jahr 1875 wurde der 62-jährige Leonz Landis Bürger der Stadtgemeinde Zug. Damit trennte sich bei der Familie Landis der «Zuger Flügel» vom «Rischer Flügel». Während die Söhne von Leonz Landis und deren Kinder nun Stadtbürger waren, behielten die Brüder von Leonz – Christian, Melchior und Kaspar – sowie deren Kinder das Rischer Bürgerrecht bei.

Die Einbürgerung von Leonz Landis und seiner Familie stand im Zusammenhang mit der Neuorganisation des Gemeindewesens, die seit 1848 ein Dauerstreitthema zwischen Liberalen und Konservativen war. Die Liberalen hatten stets die rechtliche Gleichstellung der Niedergelassenen mit den privilegierten Ortsbürgern gefordert. Erst die Bundesverfassung von 1874 garantierte allen in einer Gemeinde niedergelassenen Schweizerbürgern die gleichen politischen Rechte auch auf kommunaler und kantonaler Ebene. Die Zuger Kantonsverfassung wurde mit der Schaffung von Einwohner-, Bürger- und Kirchgemeinden entsprechend angepasst.

Leonz und seine Familie waren nun Bürger der Stadtgemeinde Zug und hatten dort auch ihr Einkommen und Vermögen zu versteuern. Als Leonz starb, erneuerte der Bürgerrat der Stadtgemeinde Zug trotzdem das Bürgerrecht in der Gemeinde Risch für die drei Söhne von Leonz – denn sie waren zu dieser Zeit noch minderjährig und hatten einen Vormund. Im Fall von Armut hätte man damit auch ihre Heimatgemeinde Risch in die Pflicht nehmen können.

Tod im Alter von 65 Jahren

Leonz Landis verstarb im Alter von 65 Jahren und wurde auf dem Friedhof in Zug begraben. Bei seinem Tod waren bereits mehrere jüngere Geschwister verstorben: Sein Bruder Melchior hatte in der unteren Vorstadt auf der Seeseite ein Häuschen mit Vorgelände als Werkplatz besessen. Im Alter von erst 46 Jahren starb er bei einem Arbeitsunfall. Er hinterliess eine Frau, Margaritha Landis-Staub (1825–1906), sowie zwei kleine Kinder, Melchior (1858–1942) und Albert (1860–1939). Letzterer sollte ein geachteter Buchbindermeister in Zug werden. Er betrieb in der Vorstadt eine Buchbinderei, Papeterie und Tapetenhandlung, die von seinem gleichnamigen Sohn weitergeführt wurde. Auch der um 17 Jahre jüngere Bruder Adam (1830–1873) war zwei Jahre vor Leonz gestorben, im Alter von 43 Jahren.

Ansehnliche Hinterlassenschaft
War Leonz Landis in seiner Jugend noch mittellos, nannte er zum Ende seines Lebens doch einen ansehnlichen Besitz sein Eigen: 1876 betrug sein Verdienst 1800 Franken, sein Vermögen belief sich auf 10 000 Franken. Ihm gelang es also als erster der Familie, sich aus einer kleingewerblichen Existenz in Richtung eines mittelständischen Unternehmers zu entwickeln.

**Solides Geschäft
mit Wachstumspotenzial**
Denn Leonz war nicht nur ein tüchtiger Handwerker, sondern er erkannte auch die Aufbruchstimmung und die Chancen, welche sich durch die Eisenbahn und die wirtschaftliche Öffnung von Zug ergaben. So hatte er einen wichtigen Anteil an den Renovations- und Umbauarbeiten in der Altstadt, schuf aber zugleich mit dem Bahnhof ein Symbol für die Erneuerung und das Entstehen der Neustadt. Sein Geschäft war platziert an der Schnittstelle zwischen beiden Stadtteilen, so dass er mitten im Geschehen war, als sich ab 1860 die Stadt im Dreieck zwischen Postplatz, See, Bahnhof und Baarerstrasse rasant zu entwickeln begann. Damit schuf er gute Voraussetzungen für ein weiteres Wachstum des Betriebs.

Gleichzeitig konnte sich Leonz erfolgreich gegen neue Konkurrenten auf dem Platz Zug behaupten. Seinen Söhnen gab er ein gutes Beispiel und einen guten Namen weiter. Sie profitierten von einem soliden Baugeschäft mit Wachstumspotenzial.

Tapfere Witwe
Als Leonz starb, waren seine Söhne noch zu jung und unerfahren, um den väterlichen Betrieb zu übernehmen. Deshalb führte die Witwe Elisabeth Landis-Annen das Geschäft übergangsweise weiter – laut Familienchronik mit grosser Disziplin und Geschäftstüchtigkeit. Die damals so wichtige männliche Unterstützung erhielt sie durch ihren Schwager Christian Landis (1822–1888), der über eine Ausbildung als Maurergeselle verfügte.

Christian blickte bei der interimistischen Übernahme des Familienbetriebs bereits auf eine interessante Biographie zurück: Er stand als junger Mann zunächst bei der päpstlichen Schweizergarde im Vatikan im Dienst. Anschliessend liess er sich bei den Grenadieren des Königs von Neapel anwerben. Mit seiner Körpergrösse von «sechs Schuh» war er dort der zweitkleinste Mann des Regiments. Hin und wieder trug er später bei Umzügen in Zug seine schmucke neapolitanische Uniform.

Mit der tatkräftigen Unterstützung von Christian gelang es Elisabeth Landis, den Betrieb im kleinen Umfang am Laufen zu halten, bis der älteste Sohn, Johann, zur Übernahme des Geschäfts bereit war.

Johann Landis (1860–1936): Visionär mit grosser Wirkung

Johann Landis auf dem Höhepunkt seines Schaffens.

Leonz Landis' ältester Sohn und Nachfolger war Johann. Er wurde am 12. November 1860 im Haus in der Vorstadt geboren. Nach einer Ausbildung im väterlichen Betrieb ging er zum Studium an die Königliche Baugewerkschule in Stuttgart, die später auch sein jüngerer Bruder Karl besuchte. Dort erreichte ihn, erst 18-jährig, die Nachricht vom Tod seines Vaters. Dank der Interimslösung mit seinem Onkel Christian konnte Johann seine Studien in Stuttgart abschliessen und danach auf die Walz gehen. Dabei folgte er den Spuren von Leonz und wanderte zunächst über München der Donau entlang nach Wien, wo er ebenfalls für kurze Zeit arbeitete.

Anschliessend zog es ihn – wie bereits seinen Vater – nach Budapest, die ungarische Metropole. Dort fand er eine Anstellung bei einem Schweizer Architekten namens Ray, der aus der waadtländischen Gemeinde Grandson stammte. Bei diesem blieb er vier Jahre und arbeitete als Techniker sowie als Bauführer. In späteren Lebensjahren erzählte Johann Landis immer noch voller Verehrung von seinem damaligen Prinzipal, der ihm später ein väterlicher Freund und Berater wurde und ihn des öfteren in Zug besuchte.

Zeit des Erwachsenwerdens

Johanns Wanderjahre waren auch eine Zeit des Erwachsenwerdens und des Abschiednehmens von seinem früh verstorbenen Vater, dem er beim Nachreisen auf dessen Walzroute noch einmal nahe sein konnte.

Nach einem Abstecher über Triest und Venedig reiste Johann Landis im Jahr 1883 über den Gotthard wieder in die Schweiz. Doch hatte ihn das Reisefieber noch nicht verlassen. Noch einmal begab er sich für ein Jahr nach Budapest, bis er 1884 endgültig in die Heimat zurückkehrte und das väterliche Geschäft als nunmehr 24-Jähriger auf neue Beine stellte.

Die Anfänge waren höchst bescheiden, wie es das Kassabuch der Jahre 1884–1886 dokumentiert. Darin notierte Johann Landis minutiös jede Handwerker- und Materialrechnung sowie jede auch noch so geringe Ausgabe für den Haushalt seiner Mutter, für seine beiden Brüder Karl und Kaspar sowie für den Angestellten Christian. Dieser bezog einen monatlichen Lohn von 25 Franken. Das war nicht viel, denn zur damaligen Zeit kosteten ein paar Stiefel gemäss Kassabuch 2.70 Franken, diverse Krawatten 1.70 Franken, eine Flasche Kirsch

3.30 Franken, ein Laib Brot 90 Rappen oder ein Hund 3 Franken.

Opfer der «Steinhauerkrankheit»

Johanns jüngere Brüder Karl (1863–1891) und Kaspar (1864–1935) waren ebenfalls im Baugewerbe aktiv: Karl war ein tüchtiger Steinmetz, der sich bald als Meister etablieren konnte. Allerdings wurde er, wie es die Familienchronik erwähnt, im Alter von 28 Jahren von der «Steinhauerkrankheit» hingerafft – vermutlich handelte es sich dabei um eine Staublunge, die durch Inhalation und Ablagerung von mineralischem Staub verursacht wird. Diese qualvolle Krankheit war unter den Zuger Steinmetzen weit verbreitet, ihre Lebenserwartung betrug oft nur um die 35 Jahre.

Kaspar Landis: Der stille Teilhaber

Der jüngste der Landis-Brüder aus der fünften Generation, Kaspar, arbeitete 38 Jahre lang im Betrieb seines Bruders Johann. In späteren Jahren war er Vorsteher des kaufmännischen Büros und stiller Teilhaber. Die beiden Brüder ergänzten sich ideal und sahen sich auch äusserlich mit ihren stattlichen Figuren und ihren wohlgeformten Schnurrbärten sehr ähnlich. Johann war der temperamentvolle, unternehmerisch denkende und handelnde Mensch, Kaspar der ruhende Pol. Beide waren sie im städtischen Turnverein aktiv und Mitglieder der Zunft der Schreiner, Drechsler und Küfer. Kaspar war zweimal verheiratet. Mit seiner ersten Frau, Victoria Ottilia Villiger (1865–1899) hatte er fünf Kinder, zwei Töchter und drei Söhne. Einer davon war der 1896 geborene Karl, der 50 Jahre nach Johanns Start den Betrieb in der sechsten Generation weiterführen sollte.

Doch zurück in die 1880er-Jahre: Damals rüstete sich der junge Baumeister Johann Landis zu seiner ers-

Das von Johann Landis 1886 erbaute Restaurant «Pilatus», Aufnahme von ca. 1930.

Das Haus von Johann Landis an der Albisstrasse in Zug.

Marie Landis-Gysin: Eine engagierte Protestantin.

Das Kassabuch von Johann Landis.

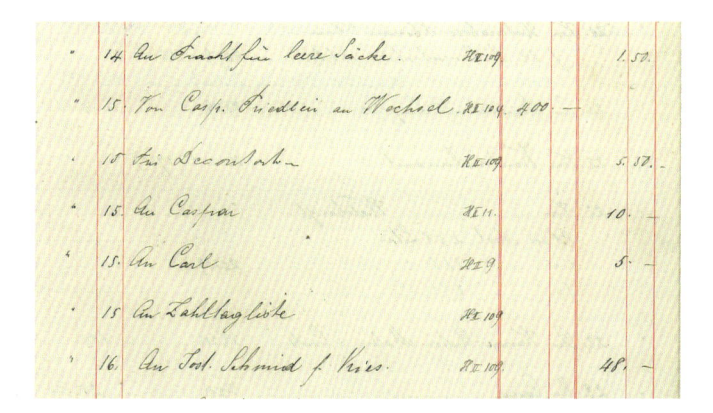

ten grösseren unternehmerischen Tat. Bares Geld besass er nicht viel, weil dieses in der väterlichen Liegenschaft gebunden war. Der erste Schritt war daher ein Landverkauf von der väterlichen Liegenschaft an der Baarerstrasse. Damit verbunden war der Neubau des Gasthauses «Pilatus», den Johann Landis 1887 für den Metzger Albert Luthiger erstellte. Von nun an reihten sich die Bauaufträge von privater und öffentlicher Seite aneinander, zunächst noch langsam, dann immer schneller.

Heirat mit Protestantin

1885 fand Johann auch sein privates Glück – in Person von Margaretha, genannt Marie, Gysin aus Liestal (1863–1934). Pikant war für die damalige Zeit: Die Frau seines Herzens war eine Protestantin. Sie war das zweitjüngste von 12 Kindern des Knopfmachers Johann Heinrich (1818–1906) und der Elisabeth Gysin-Bohny (1824–1897). Diese betrieben das florierende Gasthaus «Kasino» beim Waffenplatz für Infanterie und Sappeure in Liestal. In diesem Gasthaus lernte Johann Marie kennen und lieben, als er in Liestal seinen Militärdienst absolvierte. Im August 1886 heirateten die beiden in der Kirche zu St. Margarethen, einer schon damals beliebten Hochzeitskirche in Binningen im Kanton Basel Land. Sie wurden durch den Antistes am Basler Münster, Pfarrer von Salis, getraut. Die Heirat mit einer gläubigen Protestantin war im katholischen Zug ungewöhnlich, sie beweist Johanns freien Geist in religiösen Fragen.

Zum Leidwesen des kinderfreundlichen Ehepaares blieb ihm eigener Nachwuchs versagt. Es adoptierte jedoch später die Tochter von Johanns verwitwetem Bruder Kaspar. Lila Johanna Landis, genannt Lilly, wurde 1899 als fünftes Kind von Kaspar Landis geboren. Ihre Mutter Victoria Ottilia Villiger starb im gleichen Jahr, so dass zu vermuten ist, dass sie dem Kindbettfieber zum Opfer fiel. Marie Landis-Gysin war anscheinend eine liebevolle und engagierte Pflegemutter, die auch ihren Ehemann nach Kräften bei seiner Arbeit beriet und unterstützte. Als aktive Protestantin ging sie regelmässig in die Kirche und war viele Jahre Präsidentin des evangelischen Frauenvereins.

Neuer Wohn- und Firmensitz

Bald schon wurde der kleine, vom Vater übernommene Arbeitsplatz zu eng, so dass sich Johann zum Ankauf von Bauterrain für ein Wohnhaus und Magazine entschloss. Wie schon sein

Vater wählte auch Johann eine strategisch günstige Gegend, nämlich bei der heutigen Albisstrasse, die sich in der Nähe des damaligen Bahnhofes befand. 1887/88 erstellte er dort zunächst ein dreistöckiges Wohnhaus, in welchem seine Frau und er sowie sein Bruder Kaspar mit Familie lebten. Neben dem Haus entstanden Werkstattbauten für die Produktion und Lagerung von «Cementplatten, Cementröhren, Portland, Grenoble, Schwarzkalk, Gyps» sowie Gartenplattenmodellen, wie Johann es in den Zuger Zeitungen annoncierte. Interessantes Detail: Eine Zementröhre von 12 cm Durchmesser kostete bei Landis 1.80 Franken pro Stück, mit 50 cm Durchmesser 8.70 Franken, eine rot oder schwarz eingefärbte Gartenplatte 5.30 Franken pro Stück, 1 Sack Zement 3.50 Franken, 1 Sack Grenoble 3.80 Franken und 1 Sack Kalk 1.70 Franken. Die Preise passte Landis entsprechend den Kunden leicht nach oben oder nach unten an.

Die Vorstadtkatastrophe

Am 5. Juli 1887 geschah die sogenannte Vorstadtkatastrophe, die auch das weitere Leben von Johann Landis beeinflussen sollte. Nach Bauarbeiten für eine neue Quaianlage am Zugersee kam es zu einem Ufereinbruch im Bereich der Vorstadt, der elf Menschen das Leben kostete, 35 Gebäude zerstörte und 650 Personen obdachlos machte. Der Hintergrund der Katastrophe war, dass nach Pfählungen und Aufschüttungen für den geplanten Bau eine tragende Bodenschicht aus Schlammsand weggerutscht war. Dies führte zum Abrutschen der Häuser. Auch in der internationalen Presse fand das Unglück ein grosses Echo und löste einen eigentlichen Katastrophentourismus aus. Das Geburtshaus von Johanns Vater Leonz war indes davon nicht betroffen, dafür das Haus von Leonz' Bruder Melchior, das vollständig zerstört wurde. Um ein solches Unglück künftig zu verhindern, wurden 15 Häuser neben dem Regierungsgebäude abgerissen und im Rahmen einer Neugestaltung der Quaianlage durch eine Grünfläche ersetzt. So sollte die Belastung der Uferzone verringert werden.

Freisinniger Retter in der Not

Die Vorstadtkatastrophe hatte ein parteipolitisches Nachspiel. In der Zuger Gemeindeversammlung erhoben sich unter Führung des konservativen Alois Keiser schwere Vorwürfe gegen den Stadtrat und seinen freisinnigen Präsidenten Karl Zürcher. Dieser habe die Kosten für die Quaibauten nicht im Griff gehabt und die Risiken falsch eingeschätzt. Zwei Stadträte traten schliesslich zurück: Josef Spillmann und Baupräsident Klemens Henggeler, beides Freisinnige.

Zum Nachfolger von Henggeler wurde der erst 27-jährige Johann

Von links nach rechts: Grossmutter Anna Elisabeth Landis-Annen mit ihren Enkeln Julius, Karl, Richard und Ottilie (Nichte und Neffen von Johann Landis), um 1900.

Landis gewählt, der ebenfalls dem Freisinn angehörte. So fand sich der Baumeister und Unternehmer überraschend auf dem politischen Parkett wieder und meisterte diese Aufgabe zwei Amtsperioden lang mit Bravour. Schon bald war er bekannt für sein klares Wort, seine gründlichen Kenntnisse der Dossiers und die sorgfältige Vorbereitung auf die Sitzungen.

Weitere Ämter kamen alsbald dazu. 1892 wurde er in den Verwaltungsrat der «Aktien-Gesellschaft Wasserversorgung Zug», der heutigen Wasserwerke Zug AG, gewählt. Von 1889 bis 1895 war Johann als Stadtrat auch Präsident der städtischen Baukommission. Bei Abstimmungen über Bauprojekte, an denen er selbst beteiligt war, trat er jeweils in Ausstand. Die Tätigkeit als Baupräsident sollte ihm jedoch nicht nur Freude bereiten. Es gab auch zuweilen Streitigkeiten bei der Frage, woher und von wem man das Baumaterial zu beziehen habe und welche Rolle der Preis dabei spiele. Wenn sich Johann Landis im Recht fühlte, liess er sich durch Kritik nicht von seiner Bahn abbringen. So ist von ihm überliefert: «Es ist eben unmöglich, die Sache allen Leuten recht zu machen; nach diesem Ziele strebe ich auch nicht, es genügt mir, meine Pflicht gethan zu haben.»

Sauberes Wasser für die Bevölkerung

Als Stadtrat und Baumeister profilierte sich Johann Landis in den 1890er-Jahren besonders bei der Erstellung von öffentlichen Nutzbauten. Im Kanton Zug wurde die Wasser- und Elektrizitätsversorgung mit der Industrialisierung, der wachsenden Einwohnerzahl und den steigenden Ansprüchen immer dringlicher. Bis dahin hatte die grosse Mehrheit aller Privathäuser noch kein fliessendes Wasser. Bei den öffentlichen Brunnen gab es steinerne Nebentröge zum Spülen und Waschen. Das Trinkwasser musste aus Sodbrunnen bezogen werden. Da auch keine Spülklosetts und keine Kehrichtabfuhr existierten, war das Wasser der Flüsse und Brunnen oft verunreinigt. Auch die Brandbekämpfung war mit Wasser von Brunnen wenig effektiv. Es galt daher, Quellen zu fassen, Was-

Die Vorstadtkatastrophe vom 5. Juli 1887.

serreservoire und ein Röhrennetz zu bauen, um Hydranten zu speisen und vor allem die Häuser gegen eine Gebühr direkt mit sauberem Wasser zu versorgen.

Zug erstrahlt

Mit dem Strom verhielt es sich ähnlich. 1884 erstrahlte erstmals elektrisches Licht in der Stadt Zug. Das 1887 gegründete private Unternehmen Wasserwerke Zug AG nahm sich der grossen Aufgabe an, die Stadt Zug mit Wasser und Strom zu versorgen. Der Verwaltungsrat des Unternehmens wurde beauftragt, die Nutzung der Wasserkräfte im Lorzentobel für die Erzeugung elektrischer Energie abzuklären. Man stufte das Bedürfnis nach elektrischer Energie für Licht und Treibkraft für Private wie für Unternehmen als erheblich ein.

1890 wurde das Kraftwerkprojekt genehmigt; damit waren die Weichen für den Aufbau der Zuger Elektrizitätsversorgung gestellt. In der Baukommission für die Kraftanlage im Lorzentobel und die Erstellung der elektrischen Übertragungsleitungen sass auch Stadtrat und Baumeister Johann Landis, der den Auftrag zur Erstellung der Kraftstation Lorzentobel erhielt. Bereits Mitte Dezember 1891 ging die Zentrale in Betrieb. Erster Beziehe des Stroms war die 1881 gegründete Metallwarenfabrik Zug AG. Zwei Jahre später erfolgte die Lieferung an 82 private Abonnenten in Zug. 1894 schliesslich bereitete die öffentliche elektrische Beleuchtung in der Stadt den alten Petroleum- und Gaslaternen ein Ende.

Neuer Baustoff Beton

1895 bewies sich Johann Landis mit einem weiteren Nutzbau und verwendete dazu erstmals den neuen Baustoff Beton. Es handelte sich um die Erstellung des Wasser-Reservoirs von Baar. Anfangs der 1890er-Jahre wurde auch in den Zuger Gemeinden das Bedürfnis immer stärker, die Wasserversorgung neu zu organisieren. 1894 beschloss die Gemeinde Baar, ein Reservoir zu bauen. Die Ausschreibung für den Bau des Reservoirs von 1 000 m^3 Inhalt und des Röhrennetzes erschien unter anderem in der Neuen Zürcher Zeitung.

Unter den sechs Eingaben zu Handen der Baukommission befand sich auch diejenige von Johann Landis, der mit 17 808 Franken die drittgünstigste Offerte machte und den Zuschlag erhielt. Der Baumeister musste versprechen, die Arbeiten vorschriftsgemäss auszuführen und haftete drei Jahre lang für Mängel und Fehler. Im selben Jahr wurden die Arbeiten zum Fassen der Quellen aufgenommen. Für diese Arbeiten erhielt ein Vorarbeiter einen Lohn von 4 Franken pro Tag, die übrigen Arbeiter 3.50 Franken. Während die Arbeiten bei den Quellen nur zögerlich vorankamen – der zuständige Bautechniker war überfordert und erschien nicht mehr auf dem Platz – verliefen diejenigen beim Reservoir problemlos und gereichten dem «Ersteller zur Ehre», wie es im abschliessenden Bericht und der Baurechnung von 1898 heisst.

Reservoire und Kraftwerke als Konjunkturmotor

Nach den wirtschaftlich mageren 1880er-Jahren setzte in der gesamten Schweiz ab 1895 ein Konjunkturaufschwung ein, der bis zum Ersten Weltkrieg andauern sollte. Dank der Investitionen in die Wasser- und Stromversorgung verbesserten sich die Lebensbedingungen der Menschen und die Produktionsbedingungen der Industrie und des Gewerbes erheblich. Der Strom liess die Städte im wahrsten Sinne des Wortes aufleuchten und machte exportorientierte

Arbeiter von Johann Landis beim Bau des Kraftwerks «Lorzentobel» in Baar, 1891.

Unternehmen der Metall- und Maschinenindustrie erst möglich. Dazu gehörten die «Metallwarenfabrik Zug» oder das «Elektrotechnische Institut Theiler & Cie.», die spätere «Landis & Gyr». Auch das Baugewerbe war in dieser Zeit gut ausgelastet, dank der vielen Infrastrukturbauten, aber auch privater Bauten wie Villen und Miethäusern als Zeichen des gestiegenen Wohlstands. Die Hypothekaranlagen der 1891 gegründeten Zuger Kantonalbank verfünffachten sich im Zeitraum von 1892 bis 1913 auf rund 16.7 Millionen Franken.

Zurück in die Firma

Nach zwei Amtsperioden als Stadtrat drängte es 1895 Johann Landis, zu seinem Kerngeschäft zurückzukehren. Das Engagement in der Politik und im Unternehmen liessen sich für ihn auf Dauer nicht vereinen. Zu stürmisch war sein unternehmerisches Temperament. «Mit einer aussergewöhnlichen Energie und Schaffenslust ging er daran, seinem Geschäfte zu einem guten Rufe zu verhelfen», hiess es im Nachruf des Zuger Volksblatts auf Johann Landis. «Bald merkte die Kundschaft, dass alles, was Johann Landis versprach, so gut wie getan war. […] Und so ist das Vertrauen zwischen ihm und dem Publikum entstanden, welches ihn rasch zum meistbeschäftigten Baumeister der Umgebung erhob.»

Aufschwung durch Bau der Gotthardbahn

Der Zeitpunkt für die Rückkehr war gut gewählt: Noch in den 1880er-Jahren waren dem Jungunternehmer Landis Sorgen im geschäftlichen Bereich nicht erspart geblieben. Denn die Handwerkerrechnungen wurden gewöhnlich erst zum Jahresende bezahlt und das Betriebskapital schmolz oft bedenklich zusammen, in wirtschaftlich mageren Jahren konnte es dann durchaus eng werden.

Mit dem Anschluss von Zug an die Gotthardlinie im Jahr 1897 erlebte die Geschäftstätigkeit der Firma Landis einen regelrechten Auftrieb. Betrug 1894 das Reinvermögen der Firma noch 64 700 Franken, so hatte es sich innerhalb von vier Jahren schon fast verdoppelt und stieg in den Jahren bis vor dem Ersten Weltkrieg auf 350 000 Franken an. 1898 verdiente Johann Landis gemäss dem Steuerregister des Kantons Zug 5 000 Franken. Der ebenfalls erfolgreiche Architekt und Sägereibesitzer Dagobert Keiser senior verdiente beispielsweise 5 500 Franken. Beide gehörten damit zu den Spitzenverdienern der Stadtgemeinde Zug.

Alten Bahnhof zerlegt und neu aufgestellt

Beim Bau der Gotthardlinie hatte Zug erreicht, dass die Stadt zum Haltepunkt auf der neuen Nord-Süd-Achse wurde. In diesem Zusammen-

Auszug aus der Bilanz der Firma Landis im Jahr 1907.

Der erste Zuger Bahnhof wurde von Johann Landis 1898 Stein für Stein als heutiger Bahnhof von Wollishofen wieder aufgebaut.

hang musste auch der erste Bahnhof von Zug verlegt werden. Denn der Standort des bestehenden Sackbahnhofs war ungeeignet für die neue Situation Zugs als Verzweigungspunkt zweier Linien in Richtung Gotthard und Luzern. Deshalb wurde der alte Bahnhof von Johann Landis 1897 zerlegt und von ihm ein Jahr später Stein für Stein in Wollishofen (Stadt Zürich) wieder aufgestellt, wo er bis heute steht. Lediglich der alte Namenszug «Zug» wurde ausradiert.

Zweiten Bahnhof errichtet

Der Bau der neuen Eisenbahnlinie brachte den Zuger Baufirmen willkommene Arbeitsgelegenheiten. So wurde auch Johann Landis in Zusammenarbeit mit dem Baumeister Leopold Garnin die Erstellung des neuen Stationsgebäudes übertragen, inklu-

Der von Johann Landis erbaute, zweite Zuger Bahnhof von 1897.

sive des Güterschuppens mit Vordach sowie einer Lokomotiv- und Wagenremise von 75 m Länge und 26 m Breite. Landis konzentrierte sich dabei auf die Baumeisterarbeiten, Garnin auf die Zimmerarbeiten. In dieser Form erstellten die Beiden auch sämtliche Hochbauten entlang der Eisenbahnstrecke Zug–Thalwil.

Die Planung des neuen Zuger Bahnhofs lag beim Oberingenieur der Nordostbahn, Robert Moser. Am 31. Mai 1897 wurde der Bahnhof feierlich eröffnet, als keilförmiges Gebäude zwischen dem Gotthard- und dem Luzern-Gleis, ausgestattet mit Wartesälen und Restaurants. Endlich war Zug durch den neu gebauten Albistunnel und das Sihltal direkt mit dem Wirtschaftszentrum Zürich verbunden.

Städtebaulicher Katalysator

Mit der Gotthardbahn war Zug zu einem Knotenpunkt im Schweizer Bahnnetz geworden. Noch mehr als der alte Bahnhof, der im Gebiet der Vorstadt eine rege bauliche Entwicklung in Gang gesetzt hatte, erwies sich der neue Bahnhof als städtebaulicher Katalysator. Binnen weniger Jahre entstand um den Bahnhof ein neues Quartier. Vor allem Industrie- und Gewerbebetriebe suchten die Nähe der Gleise, aber auch Hotels, Gasthäuser und Wohnbauten entstanden in grosser Zahl. Johann Landis baute mehrere davon, zum Beispiel das Wohnhaus und Restaurant «Güterbahnhof» an der Baarerstrasse, ein dreigeschossiger Eckbau mit Quergiebel (1897), sowie das Hotel «Zugerhof» an der Alpenstrasse mit seinem speziellen Eckeingang (1899) für den Schützenhauswirt Fritz Stadler.

Mit dem Anschluss an die Gotthardlinie war Zug näher «an der Welt», woraus die Industrie, der Handel und das Gewerbe ebenso Nutzen

Westseite des Bahnhofs mit offenem Kiosk und prächtig gestaltetem Automaten.

Noch wartet das Gelände entlang der Bahnhofstrasse auf Bauten, 1899. Erste respektable Hotelbauten, wie der von Johann Landis erstellte «Zugerhof», sind bereits zu sehen.

zogen wie der Tourismus. Gewisse Verkehrsströme flossen aber anders. Die Schifffahrtslinie über den Zugersee beschränkte sich nunmehr auf den Transport von Sonntagsausflüglern.

Neue Materialien für Zug

Mit den schnelleren Eisenbahntransporten wurde der Handel für das Baugewerbe erleichtert. Ortsfremde Materialien waren besser erhältlich. Hatte man bislang mit den einheimischen Baustoffen Holz und Sandstein und mit Backsteinen von lokalen und regionalen Ziegeleien gearbeitet, kamen nun neue Materialien zur Anwendung: Anstatt mit Sandstein wurde nun vielfach mit Granit gebaut, anstelle von Bruchsteinmauern konnten dank Eisenbalken und Zement Betonfundamente gegossen werden. Mit der fortschreitenden Entwicklung der Zementindustrie wurde zunehmend der Kunststein anstelle des Natursteins populär – vor allem auch wegen des günstigeren Preises.

Hier zeigte sich einmal mehr das innovative Handeln der Firma Landis: Obwohl die Landis traditionell dem Steinmetzgewerbe nahe standen, entschloss sich Johann Landis als Erster in Zug zur Eigenproduktion von Kunststeinen. Zu diesem Zweck ersteigerte er von der Nordostbahn beim Abbruch des alten Bahnhofs die Lokomotivenremise für 2 700 Franken. Dieses Gebäude stellte er auf seinem neuen Geschäftsareal an der Albisstrasse als Magazin auf und liess dort Kunststeine produzieren.

Unterstützungsaktion für das Steinmetzgewerbe

Gleichzeitig versuchte Johann Landis aber, den Beruf seiner Vorfahren vor dem Untergang zu retten. Zu diesem Zweck beteiligte er sich finanziell beim Geschäft des Steinmetzmeisters Josef Weber von Gubel in der Zuger Gemeinde Menzingen. Diese Firma figurierte nun unter dem Namen «Weber & Landis». Eine solche Beteiligung brachte Johann Landis auch in eine gute Ausgangslage bei Bauofferten für markante Sandsteinbauten, wie sie im ersten Jahrzehnt des 20. Jahrhunderts mit der Hauptpost, der protestantischen Kirche oder dem kantonalen Verwaltungsgebäude erstellt wurden. Doch letztlich war das Steinmetzgewerbe, das ursprünglich

Sandstein-Arbeiten beim Steinbruch Gubel, im Besitz von «Weber & Landis», 1912.

in Menzingen, im Ägerital und von Oberwil bis Walchwil stark vertreten war, nach 1912 nicht mehr lebensfähig.

Bauen mit zwei Geschwindigkeiten
Der Konflikt der Baumaterialien lässt sich auch an prägnanten Bauten von Johann Landis um die Jahrhundertwende beobachten: Für das 1894 erstellte Wasserreservoir der Korporation Baar wurde zum Teil eine Betonkonstruktion auf 1000 Kubikmetern entwickelt – ein für die damalige Zeit kühnes Projekt. Das Post- und Telegrafengebäude Zug, das Johann Landis im Auftrag des Bundes und nach Plänen des Luzerner Architekten Heinrich von Segesser in den Jahren 1899–1902 erbaute, war wieder ein klassischer Sandsteinbau. Mit seinem grossen Erker, der Kuppel und den bogenförmigen Fenstern erinnert das im Stil der italienischen Renaissance gehaltene Gebäude fast ein wenig an eine Kirche. Der Sandstein für solche Bauten wurde mit Pferdefuhrwerken von den Brüchen bei Menzingen und Unterägeri geliefert. Dies war kein leichtes Unterfangen: Weil die Strassen schlecht unterhalten waren, hinterliessen die vier- bis sechsspännigen Steinfuhrwerke tiefe Furchen. Unfälle waren an der Tagesordnung.

Auch beim Verwaltungsgebäude der Wasserwerke Zug AG an der Poststrasse, das Johann Landis 1906/07 nach überarbeiteten Plänen des Architekten Dagobert Keiser jun. erstellte, wurde wieder auf die Kunst der Steinmetze zurückgegriffen. Das Verwaltungsgebäude ist als schlossartiger Bau in deutscher Neurenaissance mit gotisierenden Treppengiebeln gehalten. Besonders kunstvoll ist das Wappen im Giebel mit dem Symbol eines Hechtes. Doch auch viele andere Details der Fassade zeigen eindrücklich auf, was geschickte und kundige Hände mit dem Naturmaterial Sandstein zu schaffen vermögen.

Streng und harmonisch
Bei der protestantischen Kirche Zug, die Johann Landis von 1904 bis 1906 an der Alpenstrasse erbaute, kam das angestammte Steinmetzgewerbe ebenfalls zum Einsatz – die gesamte Fassade des dreiarmigen Zentralbaus mit mächtigem Turm besteht aus Sandstein. Diesmal hat das Baumaterial indes eine völlig andere Wirkung: Gemäss der Glaubensüberzeugung des Protestantismus ist das Gotteshaus schlicht und einfach gehalten, die grossen Sandsteinquader wirken ein wenig trutzig, nur die feinen Rippen der mit Buntglas gefüllten Rosettenfenster bringen ein verspiel-

Das neue Postgebäude im Bau und nach seiner Einweihung 1902. Klassischer Sandsteinbau, noch gebaut im Zeichen der menschlichen Hilfskraft: Pferde transportierten das Baumaterial, und die Lasten wurden geschossweise von Hand angehoben.

Schöne Steinmetzarbeit im Giebelbereich des Verwaltungsgebäudes der Wasserwerke Zug, 1906/07.

tes Element in den strengen, aber zugleich harmonischen Bau im neuromanischen Stil. Das dreiteilige Glasgemälde «Lasset die Kindlein zu mir kommen» an der Nordwand der Kirche war ein Geschenk von Johann und Marie Landis-Gysin an die Kirchgemeinde.

Alte und neue Techniken Hand in Hand

Für das 1907/08 erbaute «Theater-Casino» nach Plänen der Architekten «Keiser & Bracher» arbeitete Johann

Keiser & Bracher: Stararchitekten von Zug

Das Erfolgsgeheimnis des Zuger Architektenduos Keiser & Bracher war seine Unterschiedlichkeit: Dagobert Keiser jun. (1879–1959) war der Künstler mit den visionären Ideen. Ausserdem brachte er als Sohn des erfolgreichen Zuger Architekten und Sägereibesitzers Dagobert Keiser sen. die besten Kontakte mit in das Unternehmen ein.

Sein Kompagnon Richard Bracher (1878–1954) von Leuzigen im Kanton Bern hingegen war der akkurate, geduldige Konstrukteur, der begabte Bauleiter, der es verstand, die hochfliegenden Ideen von Dagobert Keiser umzusetzen und mit der notwendigen Sorgfalt auszuführen.

Mehr als drei Jahrzehnte lang prägten die beiden Architekten mit ihren Bauten die Stadtentwicklung von Zug. Als erstes Grossbüro der Stadt realisierten sie von ihrem Geschäftsdomizil an der Poststrasse aus die wichtigsten öffentlichen Bauten der Stadt Zug und der näheren Umgebung.

Keiser und Bracher waren vor allem der Tradition des Klassizismus und des Späthistorismus verbunden. Dem «Neuen Bauen» gegenüber waren sie offen, verbanden solche Bauten aber stets mit traditionellen einheimischen Formen.

Johann Landis als wichtiger Partner

Ein regelmässiger und wichtiger Partner für Bauaufträge war Johann Landis, der auch gemeinsam mit Dagobert Keiser in der städtischen Baukommission sass. Schon Johanns Vater Leonz hatte mit Dagobert Keisers Vater Dagobert sen. zusammengearbeitet. Die Söhne schufen ebenfalls gemeinsam diverse Bauten, darunter das Verwaltungsgebäude der Wasserwerke Zug AG, das kantonale Verwaltungsgebäude sowie das «Theater-Casino». Auch beim Neustadt-Schulhaus sowie beim Sanatorium «Adelheid» der Mäzenatin Adelheid Page arbeiteten das Architekturbüro und Landis zusammen.

Das Sanatorium «Adelheid» nach dem Anbau und der Platzerweiterung durch Landis, Gysin & Cie., 1935.

Landis hingegen mit beiden Techniken. Sowohl das traditionelle, langsame Steinmetzgewerbe war beteiligt als auch die moderne Betonbautechnik. Gemäss dem Auftrag der Theater- und Musikgesellschaft Zug sollte der Bau zugleich als Theater, Casino und repräsentativer Versammlungssaal dienen.

Die Grundmauern wurden in Beton ausgeführt, während das aufgehende Mauerwerk zum grossen Teil konventionell gebaut war. Der Dachstuhl wurde teilweise aus Eisen konstruiert. Beim Bau des Theater-Casinos wurde erstmalig auch Eisenbeton eingesetzt, ein Baustoff, der damals gerade einmal 40 Jahre bekannt war.

Das schlösschenartige Theater-Casino mit seinem Türmchen ist an der Fassade mit ihrem mächtigen Säuleneingang reich mit Schmuckelementen aus Sandstein verziert. Zusammen mit dem geometrisch gestalteten Garten wirkte das im neobarocken Stil erbaute Gebäude fast wie ein Lustschloss.

Für spätere Bauprojekte verwendete Johann Landis wiederum sogenannten armierten Beton, also die Kombination von Beton und Eisen, so etwa beim Fabrikbau der Spinnereien an der Lorze in Baar (1914).

Werk aus einem Guss

Beim Bau des «Neustadt-Schulhaus» in den Jahren 1908/09 verwendete Johann Landis ebenfalls eine Mischung aus alten und neuen Baumethoden: Das imposante dreigeschossige Gebäude war einerseits klassisch gemauert – über einem Sockel aus Tuffquadern ist es gelb verputzt – andererseits zog Johann Landis in moderner Bauweise Eisenbetondecken ein. Das von Keiser & Bracher konzipierte Schulhaus galt zu seiner Entstehungszeit als ein Musterbeispiel für einen kindergerechten Schulhausbau. Leider ist die damals so gelobte, farbige Innengestaltung heute nicht mehr erhalten.

Seilbahn und erster Kran

Um die Jahrhundertwende änderten sich nicht nur die Baumaterialien, sondern auch die Arbeitsmethoden: Immer mehr Arbeitsschritte wurden mechanisiert und motorisiert. Wo früher Pferdegespanne im gemächlichen Tempo die Baumaterialien geschleppt hatten und eine Karawane von Hilfsarbeitern die Lasten über eine steile

Bauen mit «zwei Geschwindigkeiten»: Sowohl das angestammte Steinmetzgewerbe als auch der neue Eisenbeton kamen beim Bau des «Theater-Casino» in Zug zur Anwendung, 1907/08.

Rampe auf die einzelnen Stockwerke verteilt hatte, traten nun Lastwagen, Bauaufzüge, Kräne und schliesslich Aushubmaschinen in Aktion. Anstelle der Handmischung kam die Betonmaschine.

Während das Post- und Telegrafengebäude noch durch menschliche Hilfskraft errichtet worden war, liess Johann Landis beim Bau des Sanatoriums «Adelheid» in Unterägeri (1910–1912) eine 300 Meter lange und 100 Höhenmeter überwindende Seilbahn erstellen: Der Zugang zum Sanatorium wurde damals in keiner Weise den Anforderungen einer solchen

Das «Neustadt-Schulhaus» Zug von 1910: Imposanter Bau, über dem Sockel gelb verputzt mit hohen Schweifgiebeln. Für die Decken verwendete Johann Landis Eisenbeton.

Arbeiter von Johann Landis beim Bau des Sanatoriums Adelheid in Unterägeri, 1910. Das Material wurde über eine eigens erstellte Luftschwebebahn auf die Baustelle geführt.

Einrichtung gerecht und war zudem noch durch Rechtsstreitigkeiten um den Strassenbau zwischen der Gemeinde und privaten Landeigentümern blockiert. Diese Querelen überwand Johann Landis kurzerhand mit dem Bau der Seilbahn, die, von einem Benzinmotor angetrieben, die Baumaterialien vom See her auf die Baustelle führte. Dort standen rund 80 Arbeiter im Einsatz.

Beim Bau des kantonalen Verwaltungsgebäudes am Postplatz (1912–1914) brachte Johann Landis erstmals in Zug einen Turmdrehkran zum Einsatz. Dieser verfügte über 10 m Ausladung und war 14 m hoch. Das Verwaltungsgebäude war ein klassischer Sandsteinbau im neobarocken Stil mit antiken Dekorationselementen und grossem Dreieckgiebel mit Relief an der Ostfassade.

Johann Landis und der Protestantismus

Der katholische Kanton Zug erlebte zu Beginn des 20. Jahrhunderts durch die Industrialisierung auch einen verstärkten Zuzug von Protestanten. Diese stammten vorwiegend aus dem «Züribiet» und arbeiteten in der Textil- und Maschinenindustrie. In der Stadt Zug trafen sich die Kirchgemeindemitglieder im Gerichtssaal des Rathauses und später in einer Turnhalle zu Gottesdiensten. 1888 zählte die Stadt Zug bereits 467 Protestanten. Bald fasste man den Entschluss, ein eigenes Gotteshaus zu bauen. Mit zürcherischer Unterstützung liess der Protestanten-Verein der Stadt Zug ein Projekt vom Zürcher Architekten Friedrich Wehrli ausführen. Es war nach Baar die zweite protestantische Kirche im Kanton.

Die protestantische Kirche Zug, erbaut von Johann Landis 1904/05.

Als wenige Jahre zuvor auf katholischer Seite ein ähnliches Projekt anstand, nämlich die Realisierung der Kirche St. Michael, sass anfänglich auch Johann Landis in der Baukommission. Auf Grund der langwierigen Querelen um die Standorte und die Projekte der Kirche zog er sich schliesslich zurück und verzichtete weitgehend auf Aufträge. 1902 gab er dem Zuger Kirchenrat gar seinen Austritt aus der katholischen Kirche per Einschreibebrief bekannt, als er zur Einweihung der Kirche eingeladen worden war.

Konversion und Bau der protestantischen Kirche

Mit dem Übertritt zum Protestantismus hatte sich Johann Landis auch die Möglichkeit eröffnet, die protestantische Kirche Zug zu erstellen. Damals war die Mitgliedschaft zur protestantischen Kirchgemeinde zwingende Voraussetzung für einen Bauauftrag. Nach nur 16 Monaten Bauzeit wurde das Gotteshaus am 4. Februar 1906 seiner Bestimmung übergeben. Es steht beinahe an der Stelle, wo sich der erste Zuger Bahnhof befunden hatte, den Johann Landis einige Jahre zuvor abgetragen hatte. Johann Landis und seine Frau besuchten die Einweihungsfeier der Kirche und das nachfolgende Bankett, das 2.50 Franken ohne Wein kostete.

Die Konversion von Johann Landis zum Protestantismus sorgte sicherlich

Die protestantische Kirche im Bau, 1905. Arbeitsgerüst mit Schrägrampen zum Transport der Sandsteine.

für Gesprächsstoff in manchen Zuger Häusern. Sie kam aber nicht überraschend. Schliesslich hatte sich der weltoffene Baumeister bereits 1886 die Freiheit genommen, mit Marie Gysin eine Protestantin zu heiraten. Angesichts der damals erdrückenden Mehrheit der Katholiken im Kanton Zug überrascht es, dass der Austritt aus der katholischen Gemeinde Johann Landis geschäftlich offensichtlich nicht geschadet hat. Vermutlich profitierte Johann dabei von der eher pragmatischen Einstellung der Zuger sowohl in politischen als auch in konfessionellen Belangen.

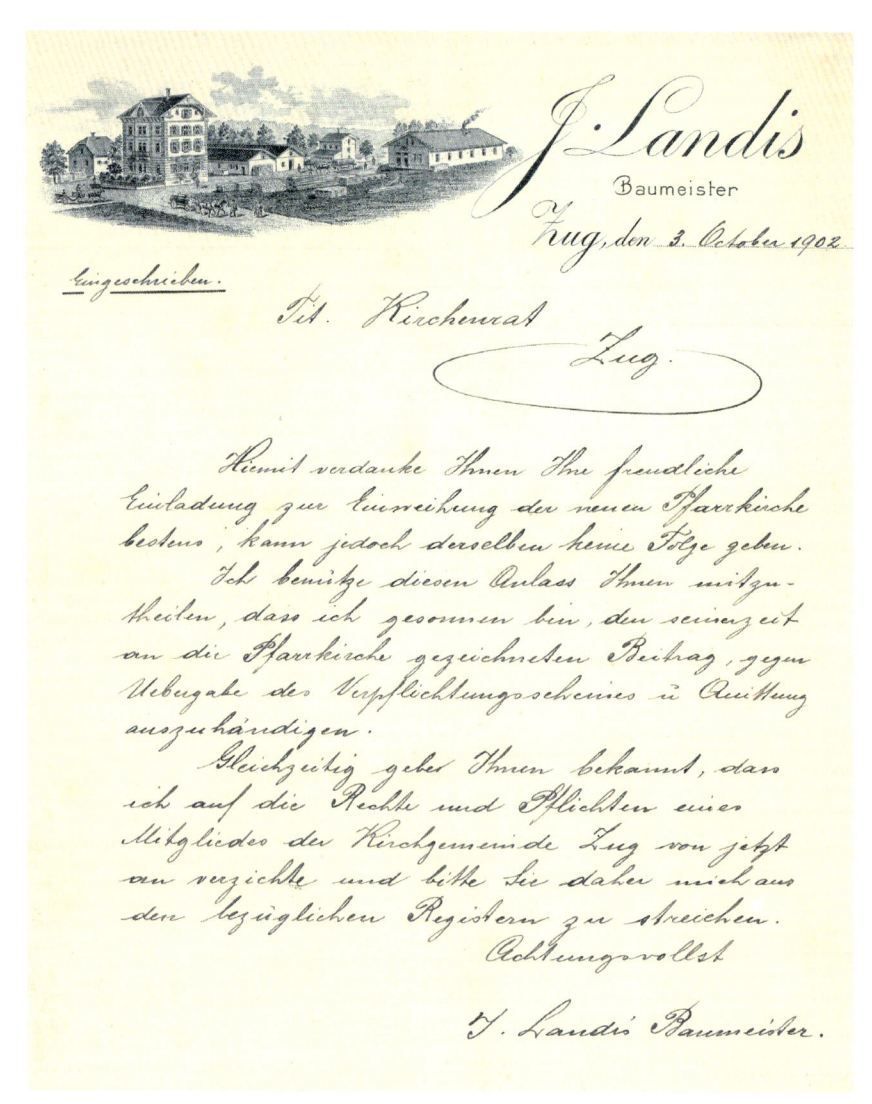

Der Kirchenaustritt von Johann Landis per Einschreibebrief.

Bau des kantonalen Verwaltungsgebäudes um 1913: Johann Landis setzte erstmals einen Turmdrehkran mit 10 m Ausladung und 14 m Höhe ein. Die Sandsteine stammten aus dem Steinbruch Gubel von Weber & Landis, Menzingen.

Das von Johann Landis 1906/07 erbaute Verwaltungsgebäude der Wasserwerke Zug AG.

Repräsentative öffentliche Gebäude

Die bedeutendsten Bauten aus der Ära von Johann Landis in der Vorkriegszeit lassen sich in drei Gruppen einteilen: Die wichtigsten Aufträge waren repräsentative Bauten wie die Hauptpost, das Verwaltungsgebäude der Wasserwerke Zug, die protestantische Kirche, das Theater-Casino sowie das kantonale Verwaltungsgebäude. Weiter kamen dazu das eidgenössische Zeughaus (1909), eine schlossähnliche Anlage mit Kopfbauten unter einem Mansardenwalmdach, sowie das Neustadt-Schulhaus (1910) mit der überbauten Eingangstreppe. Mit solchen Gebäuden vermochte Johann Landis das Zuger Stadtbild entscheidend zu prägen.

Moderne Nutzbauten

Eine zweite Domäne waren die Nutz- und Industriebauten. Dazu zählten das Wasserreservoir von Baar, dasjenige von Schwand Walchwil (1904/05) und der Anbau des Emaillierwerks an die Metallwarenfabrik Zug, der ersten Fabrik in der Stadt Zug. Weitere Bauten waren der grossdimensionierte Shedbau im südöstlichen Fabrikareal (1897–1905) sowie eine Geschosserhöhung beim Stammhaus der Fabrikanlage Landis & Gyr (1905). Es folgten die Transformatorenstation und eine eingeschossige Werkstätte der «Untermühle Zug AG» sowie die Wagenremise für die «Automobil-Gesellschaft

Die Geschäftsmodelle des Johann Landis

Bei seiner unternehmerischen Tätigkeit arbeitete der Baumeister Johann Landis mit vier Geschäftsmodellen:

Baumeister-Modell

Die erste und häufigste Variante war das Baumeister-Modell, wie es beispielsweise beim kantonalen Verwaltungsgebäude zur Anwendung kam. Nach der Einreichung einer Offerte für einen ausgeschriebenen öffentlichen oder privaten Bauauftrag erhielt Johann Landis den Zuschlag durch den Bauherrn, respektive den zuständigen Architekten oder die Baukommission. Die Bauleitung lag in den Händen des Architekten. Als ausführender Baumeister kümmerte sich Johann Landis in der Regel um die Erd- und Rohbauarbeiten, von der Planung über den Materialeinkauf und -transport bis zur Erstellung des Gebäudes. Die Innenausbauten, Dachbauten sowie künstlerischen Arbeiten wurden an diverse Betriebe, Handwerker und Künstler vergeben, wobei in der Regel ein gewisser Turnus eingehalten wurde. Der Risikoträger für die Kosten, Termine und Qualität des Baus blieb der Bauherr als Auftraggeber.

Baumeister-Architekten-Modell

Die zweite Variante war das Baumeister-Architekten-Modell. Bei diesem empfahl sich Johann Landis beim Auftraggeber nicht nur als ausführender Baumeister, sondern auch als Architekt. So plante und baute er die Villa «Heimeli» oder nahm auch beim Architekturwettbewerb für den Bau des Theater-Casino in Zug gemeinsam mit dem St. Galler Architekten und Ersteller der St. Galler Stadtbibliothek, Karl Mossdorf, teil und reichte ein eigenes Projekt ein.

Investor-Modell

Die dritte Variante war das Investor-Modell. Hier trat Johann Landis als Investor für Land und Bauten auf. Mit dem Kauf von Land, der Grundstücksarrondierung durch Zukäufe, Tauschverträge etc., der Erschliessung und Parzellierung, dem Planungs- und Baubewilligungsverfahren und schliesslich dem Verkauf einzelner Parzellen oder der Überbauung auf eigene Rechnung war Landis Landbesitzer, Bauherr, Baumeister und Liegenschaftsbesitzer in einer Person. Beispiele dafür waren Liegenschaften am sogenannten Hänibüel, einem Villenquartier, das nach dem Bau der Zuger Berg- und Strassenbahn (1905–1907) entstand, oder die vier Häuserblöcke mit Wohnungen und Läden an der Baarerstrasse ab 1912. Bei diesem Investor-Modell lagen die gesamte Verantwortung, das gesamte Risiko, aber auch die gesamten unternehmerischen Chancen in den Händen des Investors.

Beteiligungs-Modell

Die vierte Variante war das Beteiligungs-Modell. Für grössere Bauvorhaben gründete Landis Baugesellschaften. Ein Beispiel war die Zusammenarbeit mit dem Landbesitzer und Architekten Friedrich Nussbaumer beim Villenquartier Hänibüel.

Zug» (1905): Letztere war ein Vorbote für den Einzug des Automobils in der Stadt.

Gediegenes Bauen für Private

Drittens baute Johann Landis eine Fülle von Privatgebäuden im Auftrag oder auf eigene Rechnung: Darunter befinden sich die Villa «Heimeli» an der Löbernstrasse (1900), eines der ansprechendsten der bürgerlichen Wohnhäuser in Zug, das Erholungsheim «Ländli» in Oberägeri (1909) im Bauernhausstil und das bereits erwähnte Sanatorium Adelheid in Unterägeri (1910). Als speziell gediegene Gebäude zu nennen sind das «Schlössli Neu St. Andreas» am Guggiweg (1905), das Johann Landis für den Bürgerrat Arnold Landtwing als malerisch asymmetrisch gestaltetes Wohnhaus mit steilem Walmdach erbaute, aber auch das Chalet «Alpina» (1906), das für den Ingenieur Heinrich Landis-Fierz als Holzbau mit Eingangsturm in verputztem Backstein gebaut wurde, oder die Villa «Rosenhof» für den Oberingenieur Franz Lusser (1909). Dabei handelt es sich um ein originelles Privathaus mit rundem, erkerartigem Türmchenanbau und kleiner runder Privatkapelle mit Kuppeldach. Ein weiteres markantes Gebäude ist der Häuserblock an der Baarerstrasse 54–60, der auf eigene Rechnung als dreigeschossiger Bau mit Satteldach und drei Quergiebeln erstellt wurde (1912).

Kluge Risikoverteilung

Mit seinen vier Geschäftsmodellen war Johann Landis in der Lage, sich den Erfordernissen der Zeit und den Wünschen der Kunden anzupassen. So blieb er flexibel gegenüber veränderten Marktgegebenheiten und konnte das Risiko diversifizieren. Zugleich hat er es klug vermieden, bei seinen Bauvorhaben Arbeiten zu übernehmen, die nicht in seiner Kernkompetenz lagen. So wahrte er auch ein feines Gleichgewicht gegenüber kooperierenden Handwerkern. Über Ämter in Politik, Verbänden und Kommissionen war er stets auf dem Laufenden bei der Planung und Vergabe von Bauprojekten.

Berufliches und Politisches geschickt verknüpft

Neben seiner Baumeistertätigkeit sass Johann Landis auch in unzähligen Kommissionen, zum Beispiel beim Bau des Morgartendenkmals oder in Preisgerichten wie bei der Schweizerischen Landesausstellung in Bern von 1914 für die Sparte Baumaterialien und Steinbearbeitung.

Er verstand es auf geschickte Weise, sein berufliches und politi-

Projekt der Villa «Ländli» von Johann Landis, 1913.

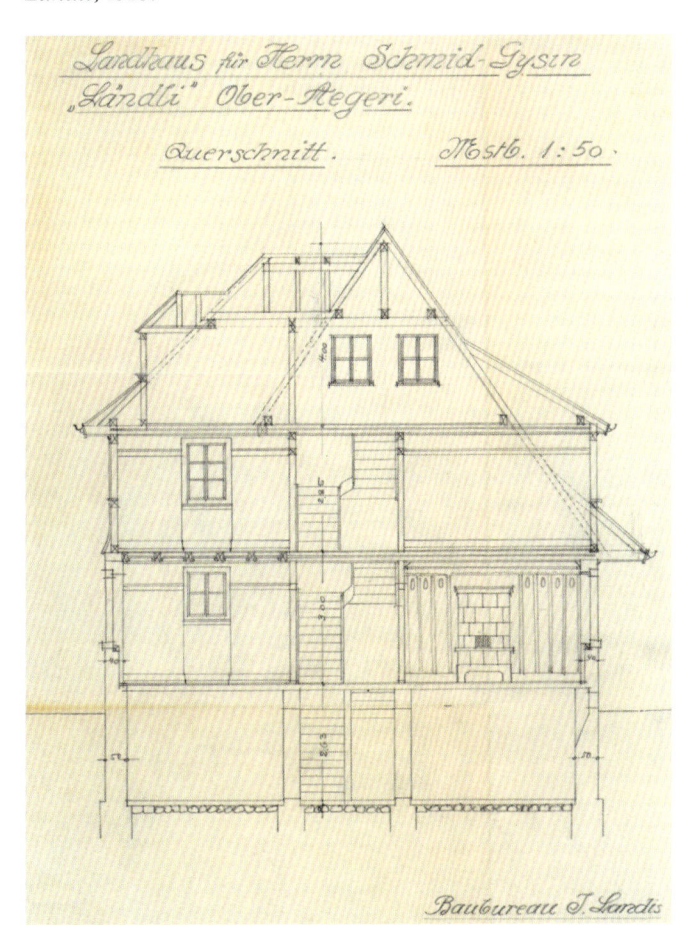

sches Engagement zu verknüpfen: Seit 1908 war er wieder als bewährte Kraft Mitglied des Stadtrats und amtete bis zum Ausbruch des Ersten Weltkriegs zum zweiten Mal als Baupräsident. Als Vertreter des Stadtrats wurde Landis auch in den Verwaltungsrat der Wasserwerke Zug gewählt, den er später von 1925 bis 1934 präsidieren sollte. Überdies gehörte er von 1922 bis 1926 als Vertreter der Freisinnig Demokratischen Partei (FDP) dem Kantonsrat an und wusste auch dort, sich als Mann der praktischen Tat Gehör und Ansehen selbst beim politischen Gegner zu verschaffen.

Freisinnig mit Leib und Seele

Zugleich stand Johann für seine politischen Überzeugungen ein. Er fehlte bei keiner Wahl oder Abstimmung und hielt, wie der Nachruf im Zuger Volksblatt ausführt, «mit Überzeugung zur freisinnigen Lebensauffassung. An den liberalen Ideen liess er nicht rütteln. Herr Johann Landis war tolerant, aber beanspruchte Duldung auch für sich, weil er überzeugt war, dass seine freisinnigen Grundsätze und seine Lebensführung jederzeit den Vergleich mit andern nicht zu scheuen brauchten».

Beim Ausbruch des Ersten Weltkriegs «lieh Baumeister Johann Landis dem Vaterlande freudigen Herzens seinen Arm», so sein Nachruf. Als engagierter Soldat stand er als Major eines Geniebataillons wiederholt während langen Monaten auf der Wache am Gotthard. Zahlreiche Befestigungsanlagen wurden unter seinem Kommando erstellt.

Engagiert für Qualität: Gesamtschweizerisch ...

Johann Landis war darüber hinaus auch in der Verbandspolitik sehr aktiv: Als 1897 der Schweizerische Baumeisterverband mit Sitz in Zürich gegründet wurde, gehörte ihm Johann Landis zuerst als Einzelmitglied an, dann als Vorstandsmitglied des Vorortes Luzern, später als Mitglied des Zentralvorstands und von 1909 bis 1935 sogar als Mitglied der Zentralleitung. Als er 1935 von dieser Funktion zurücktrat, ernannte ihn die Generalversammlung zum Ehrenmitglied. Ein wichtiges Postulat des Baumeisterverbandes war die Einführung der Meisterprüfungen im Jahr 1935, um die Qualität der Ausbildung zu fördern.

... und in Zug

Um den 1907 gegründeten Baumeisterverband Zug machte sich Johann Landis ebenfalls sehr verdient: Er war eines der sechs Gründungsmitglieder und von 1908 bis 1920 Präsident der Sektion Zug im Schweizerischen Baumeisterverband. Bereits ein Jahr nach Gründung der Zuger Gruppe waren alle zwölf massgeblichen Baufirmen des Kantons Mitglieder dieses Berufsverbands.

Da zu Anfang des 20. Jahrhunderts nicht nur Hoch- und Tiefbaugeschäfte zu den Mitgliedern des Verbandes gehörten, sondern das gesamte Bau-

Kaufvertrag von Johann Landis für eines der vier Häuser im Oberlauried (heute Lüssiweg): Kaufpreis z.B. Fr. 17 000, Schuldbriefe Fr. 15 000, Garantiefrist zwei Jahre für unentgeltliche Behebung von Baumängeln, 1918.

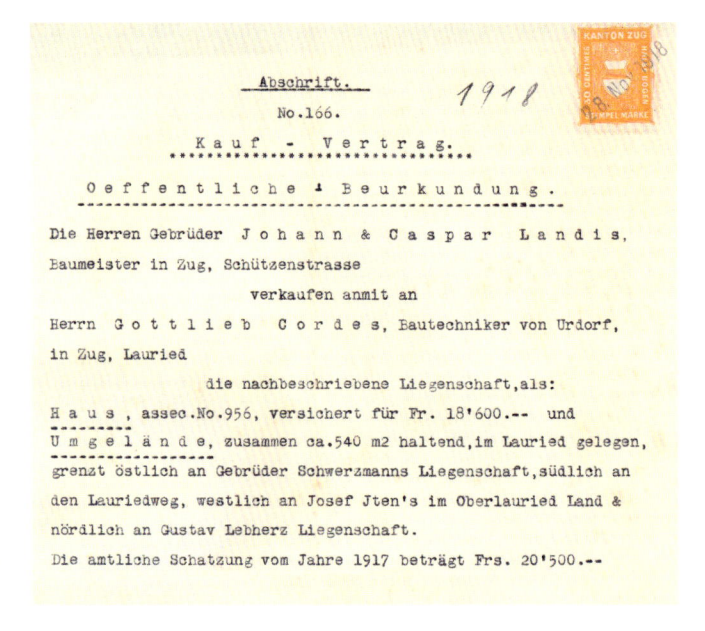

Vorstand der Handelgenossenschaft des Schweiz. Baumeisterverbandes, 1924: Johann Landis sitzt in der ersten Reihe (2. von rechts), neben dem Präsidenten Dr. J. Cagianut (2. von links).

gewerbe, also auch die Zimmerer, stieg die Mitgliederzahl im Zuger Baumeisterverband bis zum Ende des Ersten Weltkriegs auf 31 Firmen an. Hintergrund war, dass speziell die Zimmerleute von zahlreichen Kriegsaufträgen im Barackenbau profitierten und es so zu einer Vielzahl von Neugründungen kam. Diese «Sonderkonjunktur» kam indes mit dem Kriegsende zu einem abrupten Stillstand – verbunden mit Lieferungsstopps und Zahlungsausständen. Die Zimmermeister kamen dadurch in eine schwierige finanzielle Situation. Der Verband bemühte sich, diese durch einen Darlehensvertrag mit der Bank in Zug etwas zu mildern.

Günstiger einkaufen

Darüber hinaus betätigte sich Johann für die Handelsgenossenschaft des Schweizerischen Baumeisterverbandes, die heutige «HG Commerciale» mit Sitz in Zürich. Diese Aktivität war ein weiteres Beispiel dafür, wie Johann Landis die Zeichen der Zeit erkannte und neue Trends mitprägte: Bis ins späte 19. Jahrhundert hatten viele Baumeister ihren eigenen Steinbruch betrieben und mit regionalen Materialien gebaut. Dann aber wurde die Materialbeschaffung arbeitsteilig organisiert und von der eigentlichen Bauausführung immer mehr getrennt. Es entstand ein blühender Handel mit vielfältigen Baumaterialien – den Johann Landis mitgestaltete.

Ab 1902 engagierte sich Johann Landis gemeinsam mit Verbandskollegen für eine engere Verbindung des Schweizer Baumeisterverbandes mit der Zürcher Einkaufsgenossenschaft «Baumaterialienfabrik Giesshübel». Diese war um die Jahrhundertwende mit einem Kapital von 300 000 Franken gegründet worden.

Erfolgreicher Zusammenschluss

Das Engagement war erfolgreich: 1905 wurde die Genossenschaft in die «Handelsgenossenschaft des Schweizerischen Baumeister-Verbandes» überführt und vertrat damit

Kaspar Landis und seine zweite Frau Anna Josefa Theresia Landis-Keiser in ihrem Wohnhaus, um 1930.

nun auch die Interessen der damals 111 Baumeisterverbandsmitglieder auf dem Baustoffmarkt. Durch den Zusammenschluss erhöhte sich die Zahl der Genossenschafter auf 265. Bereits 1920 waren rund 1000 Unternehmen Mitglieder der Genossenschaft, 1950 bereits mehr als 2000. Zumindest in der Anfangsphase musste die Einkaufsgenossenschaft indes grosse Widerstände überwinden, um sich bei den Fabrikanten gegenüber den bereits existierenden Baustoffhändlern zu etablieren.

Starke Stimme im Verband
Der Präsident der Handelsgenossenschaft war zunächst der Zürcher Baumeister Otto von Tobel. Nach dessen Tod folgte ihm Johann Landis von 1909 bis 1920 als Präsident nach und verblieb bis zu seinem Tod im Vorstand. Johanns Wort genoss Respekt. Der Jahresbericht von 1935 hielt dazu fest, dass Johann «mit unserer Organisation so verwachsen war, dass man seine Figur und sein Wort von unseren Veranstaltungen gar nicht wegdenken kann».

Aktiv war Johann Landis überdies bei der «Gips-Union AG», Zürich. Er war seit 1916 Mitglied des Verwaltungsrates, davon 14 Jahre als dessen Präsident. Von 1920 bis 1926 hatte Johann das Präsidium des Kantonalen Gewerbeverbandes inne und verlieh diesem gleich neue Statuten, welche ihm eine engere Mitgliederbindung und damit grössere Schlagkraft verleihen sollten.

Schwere Krise der Bauwirtschaft
Von 1892 bis 1913 nahmen, von kleineren Rückschlägen abgesehen, die Investitionsvolumina des Hochbausektors stetig zu. Ab 1914 fielen sie jedoch wieder auf den Stand der wirtschaftlich schwierigen 1880er-Jahre zurück. Es gab einen Stillstand beim Wohnungsbau. Aufträge erteilte vor allem die öffentliche Hand.

Auch bei der Firma Landis ging die Bautätigkeit stark zurück. Erstellt wurden wenige Bauten wie ein Vierfamilienhaus für den Baarer Schreinermeister Schwerzmann an der Baarerstrasse (1915), ein Doppel-Einfamilienhaus für den Mitarbeiter und späteren Geschäftspartner Heinrich

Gysin an der Löbernstrasse (1915), freistehende Einfamilienhäuser am Landhausweg (1916) sowie eine Reihe von kleineren An- und Umbauten, wie beim Gasthaus zur Linde an der Aegeristrasse (1918).

Extremer Kostendruck

Nach dem Krieg hatte das Baugewerbe mit massiv steigenden Kosten zu kämpfen: Einerseits stiegen die Löhne in der zweiten Jahreshälfte 1916 um 5 Prozent, bis Ende 1917 schon um 50 Prozent, bis Ende 1919 um 120 Prozent und bis Herbst 1920 bereits um 150 bis 170 Prozent, wie aus einem Brief des damaligen Verbandspräsidenten Hauser an den Zuger Regierungsrat hervorgeht. Im Jahre 1921 betrug der Stundenlohn eines Poliers 2.50 Franken und eines Handlangers 1.75 Franken. Für Überstunden wurden 25 Prozent mehr bezahlt, während der Nacht sowie an Sonn- und Feiertagen 50 Prozent. Für noch stärkeren Kostendruck sorgten die extrem gestiegenen Materialpreise. Hier machten sich neben den Folgen des Krieges auch erhöhte Einfuhrzölle für das Baumaterial bemerkbar. In den Jahren 1921 und 1922 kam es jedoch wieder zum Rückgang der

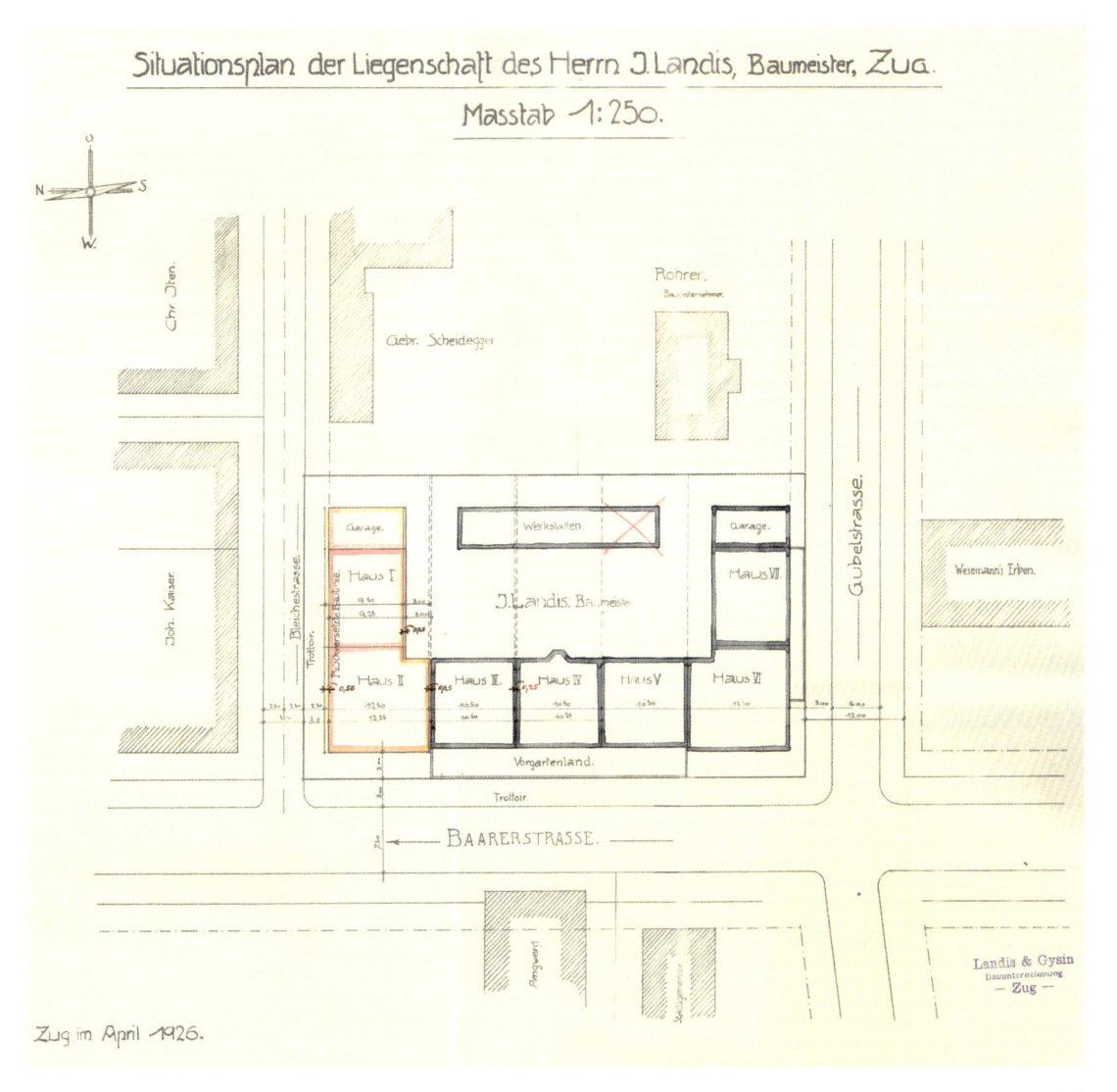

Wohnüberbauung an der Baarerstrasse, 1924: Situationsplan für die Einzelhäuser mit Grenzbaurecht. Erstellt auf eigene Rechnung von Johann Landis.

Wohnüberbauung an der Baarerstrasse, 1924: Gelungene Baumeister-Architektur von Johann Landis mit guter Mischung von Wohnungen, Läden und Gewerbe.

Lebenshaltungskosten, der Materialkosten und auch der Arbeitslöhne im Baugewerbe.

Neuer Geschäftspartner

1923 zog sich Johanns jüngerer Bruder Kaspar Landis ins Privatleben zurück. Er baute sich 1924 an der Chamerstrasse beim Schutzengel ein Haus im Zuger Bauernhausstil mit Gartenhaus für Kleintiere. Im selben Jahr nahm Johann Landis seinen Neffen, den 44-jährigen Architekten Heinrich Gysin, als Teilhaber der Firma auf. 1924 wurde die Änderung der Firma «Johann Landis, Baumeister Zug» in «Landis & Gysin, Bauunternehmung Zug» bekanntgegeben. Heinrich Gysin war bereits seit 1906 als Architekt im Unternehmen tätig. Er war daher auf Grund seiner Erfahrung ein potenzieller Nachfolger von Johann Landis, da

Häuserblock an der Bahnhofstrasse (heute Bundesplatz 4–10), 1931, erstellt auf eigene Rechnung. Hier hat bereits Karl A. Rust, der Vater von Karl Rust, mitgewirkt. Aufnahme 1951.

dieser keine eigenen Söhne hatte und die Söhne von Kaspar Landis, nämlich Richard, Karl und Julius, damals andere berufliche Pläne hatten.

Zuwachs an Arbeitskräften

Ab 1923 zogen im Kanton Zug der Wohnungsbau sowie die gewerbliche Bautätigkeit wieder an. In diesen Jahren entstanden auch kommunale und genossenschaftliche Wohnhäuser, um die vom Krieg herrührende Wohnungsnot zu mildern. Die grosse Nachfrage nach Wohnraum machte sich auch in den 1920er-Jahren in einer deutlichen Spekulationswelle im Wohnungsbau bemerkbar.

Auch bei Landis & Gysin standen die Zeichen nun wieder auf Expansion. Auf einem eigenen Landstück in der Nähe der Baarerstrasse errichtete Johann Landis eine Holzbaracke für seine aus dem Tirol kommenden Maurer. Da sich dort zwischen den heissblütigen jungen Männern nach der Arbeit oft Schlägereien ereigneten und die Polizei ausrücken musste, hiess der namenlose Weg zur Baracke in Polizeikreisen bald einmal Tirolerweg – so heute noch.

1923 zählte die Firma Landis gemäss dem Personalverzeichnis rund 80 Arbeitskräfte. Darunter waren zehn langgediente Poliere und Maurer. Die Mehrzahl war als Maurer und Handlanger für eine Saison oder noch kürzer beschäftigt. Rund ein Viertel von ihnen stammte aus dem Ausland, namentlich aus Italien und Tirol. Insgesamt beschäftigte Johann Landis weitaus mehr Personal als der damals durchschnittliche Schweizer Baubetrieb mit rund 15 Arbeitskräften.

Bauten auf eigene Rechnung

Auf die starke Nachfrage nach Wohnraum reagierten Landis & Gysin mit der Planung, dem Bau und dem Verkauf von Häusern.

So wurden an der Gotthardstrasse, am Flieder- und am Nelkenweg mehrere Doppel-Einfamilienhäuser auf eigene Rechnung und mit eigener Architektur gebaut für die «Gemeinnützige Baugenossenschaft Zug» (1919–1921). Diese Häuser gehören ver-

Die Villa «Aabourne» mit Park von Dr. chem. Carl Langer (International Nickel Company) in Risch (Seeseite), gebaut von Landis & Gysin, 1929/30. 1950 erwarb der Zürcher Bauunternehmer Ernst Göhner dieses Gut.

mutlich zu den ältesten erhaltenen Genossenschaftsbauten von Zug. Sie beruhen auf dem Konzept des Arbeiter-Einfamilienhauses mit Zier- und Nutzgarten. Bei der zweiten Etappe verlangte die Stadt braune Holzschindeln.

Markante Gebäude dieser Ära
Zu den markanten Bauten dieser Ära zählt die Wohnüberbauung an der Baarerstrasse/Gubelstrasse von 1924 mit abgewalmtem Satteldach. Sie umfasste sieben zusammengebaute Mehrfamilienhäuser mit Läden. Die Gliederung und Detaillierung sind abwechslungsreich, aber dank Repetitionen und Symmetrien ein geschlossenes Ganzes. Diese Wohnüberbauung wurde 1930 durch einen weiteren, auf eigene Rechnung erstellten Häuserblock (an der Baarerstrasse 103–109) mit Satteldach ergänzt. 1931 erfolgte ein mehrgeschossiger Häuserblock mit Geschäften an der Bahnhofstrasse.

Ab 1927 zeichnete die Firma Landis & Gysin für die Bauherrschaft, Architektur und die Ausführung von Reihenhäusern am Gärtliweg verantwortlich. Diese sind typische Arbeiterwohnungsbauten mit schmucken Hauseingängen und Gärten.

Weitere Bauten, die Johann Landis und Heinrich Gysin als Baumeister erstellten, waren ein Fabrikneubau für Landis & Gyr an der Gubelstrasse (1929) sowie diverse Privatbauten wie die Villa mit Gloriette für Dr. Langer in Risch (1929/30) oder das «Grosshaus Baar» (1930/31).

Abdankung in «seiner» protestantischen Kirche
Trotz seines Temperaments zog sich Johann Landis in den letzten Jahren allmählich vom aktiven Geschäft zurück. Mit seiner Frau reiste er zweimal

Arbeitsbedingungen im Baugewerbe um die Jahrhundertwende

Die Arbeitszeit betrug zu Beginn des 20. Jahrhunderts zwölf und mehr Stunden am Tag, und dies bei einer Sechs-Tage-Woche. Man kam also auf eine Wochenarbeitszeit von 72 Stunden. Darin enthalten war allerdings eine «Znüni- und eine Zobigpause». Für die Verpflegung sorgten die Meistersleute, sie brachten Käse oder Wurst sowie den «obligaten Most» auf die Baustelle.

Saisonniers aus Italien
Jedes Jahr im Frühling kehrten die italienischen Wanderarbeiter zu ihren Arbeitsplätzen zurück und brachten jeweils weitere Söhne oder Verwandte mit. So kam es, dass oft vier Altersstufen zur Arbeit antraten, die jüngsten als Pflasterbuben, die mittleren als Handlanger oder Maureranfänger, der Vater als Maurer und der Grossvater als Maurer oder Handlanger.

Die ältesten Söhne, die bereits ein bis zwei Jahre als Maureranfänger gearbeitet hatten, blieben gewöhnlich ein bis zwei Jahre aus, um dann als sogenannte fertige Maurer wieder zu ihrer früheren Firma zurückzukehren. So vollzog sich unter den Italienern die Lehrzeit.

Das Ehepaar Landis auf einer Ägyptenreise, um 1930.

in den Orient und verbrachte Ferien in Cademario (Tessin). In hohem Alter überlebten die beiden einen schweren Autounfall. Bald darauf verstarb Marie Landis-Gysin 1934 an einer Hirnhautentzündung. Ein Jahr später erlitt Johanns Bruder Kaspar einen tödlichen Schlaganfall. Johann Landis verstarb 1936 im Alter von 75 Jahren an den Folgen eines Hirnschlags. Zur Behandlung hatte er sich noch in die Privatklinik Sonnmatt in Luzern begeben. Gepflegt hatte ihn in dieser letzten Lebensphase seine Adoptivtochter und Nichte Lilly Landis, die sich mit Walter Gysin verheiratet hatte. Am 1. Februar wurde Johann an der Seite seiner Frau im Familiengrab auf dem Friedhof Zug bestattet. Die Abdankung fand in der von ihm erbauten protestantischen Kirche statt.

Ergreifende Trauerfeier

Das Zuger Volksblatt widmete Johann Landis einen umfassenden Nachruf, in dem es die Bedeutung von Johann Landis für die Stadt Zug nachdrücklich herausstellte: «Wer es noch nicht gewusst hätte, dass unser Gemeindewesen in Baumeister Johann Landis einen prominenten Bürger besass, den hätte die eindrucksvolle Trauerkundgebung vom letzten Samstag eines Bessern belehrt.» Die protestantische Kirche, so hiess es weiter, sei bei weitem zu klein gewesen für die Masse der Trauernden, die Johann die letzte Ehre erweisen wollten. Bei der Trauerfeier wirkten nicht nur die Stadtmusik Zug sowie der Männerchor mit, sondern auch diverse örtliche Vereine waren mit ihren Bannern gekommen.

Ein grosses Vermögen

Im Laufe seiner beruflichen Tätigkeit konnte Johann Landis ein stattliches Vermögen erzielen. Dabei profitierte er auch von der tiefen Besteuerung. In Zug hatte man gemäss dem Eidgenössischen Statistischen Amt zu dieser Zeit als selbständig Erwerbender bei einem Bruttoeinkommen von 5 000 Franken für die Gemeindesteuer, Kirchensteuer, Armensteuer, kantonale Krisensteuer und Staatssteuer einen Betrag von 180.50 Franken zu bezahlen, was einem Steuersatz von 3.6 Prozent gleichkam. In Zürich beispielsweise betrug der Steuerbetrag 242.60 Franken, in Glarus gar nur 84.80 Franken.

Das Privatvermögen von Johann Landis betrug 1936 laut Nachlass netto 460 602 Franken. So besass er als Aktiva zehn Liegenschaften im Wert von insgesamt 751 000 Franken sowie Wertpapiere in der Höhe von 250 170 Franken. Allerdings hatte er auch Verbindlichkeiten in der Höhe von 614 944 Franken, darunter Grundpfandschulden in der Höhe von knapp 300 000 Franken. So ergab sich die Nettosumme von einer knappen halben Million Franken zum damaligen Wert. Damit war er einer der vermögendsten Bürger von Zug.

Weitsicht und vernetztes Denken

Rückblickend war das Erfolgsgeheimnis von Johann Landis wohl seine Weitsicht und Fähigkeit zum vernetzten Denken. Er war zeitlebens innovativ und aufgeschlossen für neue Trends: So nutzte er die Chancen der neugebauten Eisenbahn, um mit bisher unüblichen Baumaterialien wie Granit und Beton zu arbeiten. Gleichzeitig sorgte er als Präsident der Handelsgenossenschaft für attraktive Einkaufskonditionen angesichts der immer grösser werdenden Abhängigkeit von den Baustoffproduzenten. Doch als umsichtiger Baumeister vergass er auch das bewährte Material Sandstein nicht und bemühte sich darum, diesen traditionellen Baustoff weiterhin einzusetzen.

Ein weiteres Beispiel für Johanns kreativen Unternehmergeist war die Bauträgerschaft: Mit hohem unternehmerischem Risiko, aber auch mit der Aussicht auf attraktive Gewinne kaufte er Land, baute auf eigene Rechnung und erschloss auch neue Quartiere. Seine Bauten, ob im Auftrag oder auf eigene Rechnung, zeichneten sich nicht nur durch eine ansprechende Architektur aus, sondern waren auch stets von solider Qualität. So konnte er das Stadtbild von Zug entscheidend prägen und sich in Zeiten geringerer Aufträge Nachfrage «selbst erschaffen».

Rahmenbedingungen vorteilhaft mitgestalten

Johanns Weitsicht und vernetztes Denken zeigten sich auch in seinen vielfältigen Aktivitäten in Politik, Vereinen und Verbänden. Denn ihm war wohl bewusst, dass ein erfolgreicher Unternehmer nicht im Vakuum arbeitet, sondern in enger Interaktion mit seinem politischen und gesellschaftlichen Umfeld.

Johann Landis hat es wie wenige andere Unternehmer in Zug verstanden, durch sein Engagement für die Gemeinschaft die Rahmenbedingungen seiner Arbeit mitzugestalten und zugleich durch seine unternehmerische Potenz der Gemeinschaft vieles zurückzugeben.

Nicht zuletzt erscheint Johann Landis anhand erhaltener Briefe als humorvolle, sympathische Persönlichkeit – zwar mit Ecken und Kanten, aber konsequent, fair und integer.

Karl Landis (1896–1965): Führung in schwieriger Zeit

Karl Landis.

Da Johann Landis keine eigenen Söhne hatte, führte ein Sohn seines Bruders Kaspar den Familienbetrieb in der sechsten Generation fort: Karl Landis. Die Betriebsübernahme fiel in schwierige Zeiten, musste Karl sich doch zunächst mit der Baurezession der 1930er-Jahre auseinandersetzen und sah sich dann bald mit den Einschränkungen des Zweiten Weltkriegs konfrontiert.

Karl wurde 1896 als drittes Kind von Kaspar Landis und Victoria Ottilia Landis-Villiger (1865–1899) geboren. Er war bereits als Knabe lebhaft und wissbegierig. Im Kreis seiner Brüder und Schwestern wuchs er im Haus von Johann Landis an der Albisstrasse auf. Seine Mutter starb jedoch, als er erst drei Jahre alt war. Während seine kleine Schwester Lilly von Johann und seiner Frau Marie adoptiert wurde, blieb Karl bei seinem Vater Kaspar. Dieser heiratete 1903 seine zweite Frau, mit der er noch drei weitere Kinder hatte.

Unternehmensgründung im Tessin

Karl besuchte die Zuger Primar- und Sekundarschule, wobei ihm der «praktische Handfertigkeitsunterricht» besondere Freude machte. Im Anschluss an eine zweijährige praktische Bautätigkeit bei Onkel Johann, absolvierte Karl mit Erfolg das Technikum Winterthur als Hochbautechniker. Nach einer weiteren Ausbildung an der Technischen Hochschule Stuttgart trat er seine erste Stelle beim Architekten Fischer in Locarno im Kanton Tessin als Techniker und Bauführer an. Dort war er vier Jahre lang tätig. Anschliessend machte er sich selbständig und gründete 1923, also im Alter von 27 Jahren, gemeinsam mit V. Boldrini die Firma «Boldrini & Landis, Impresa Costruzioni» in Locarno. Die Zeiten für Bauaufträge waren gut, besonders in Locarno und Ascona, die nach dem Ersten Weltkrieg vom internationalen Tourismus entdeckt wurden.

Villa auf Brissago-Insel

Das junge Unternehmen entwickelte sich schnell zu einem angesehenen Betrieb, der bedeutende Bauten in der Umgebung von Locarno ausführen konnte. Ein Beispiel dafür ist das «Palazzo Emden». Der hamburgische Warenhausbesitzer und Kunstsammler Dr. Max Emden, der Gast in der Künstlerkolonie auf dem «Monte Verità» bei Ascona war, hatte die beiden Brissago-Inseln vor Ascona 1927 von Antonietta Baronin de St. Lèger für einen Preis von 350 000 Franken erworben. Auf der einen Insel liess er sich nach den Plänen des Berliner Architekten Professor Breslauer einen

Hochzeitsfoto von Karl Landis und seiner Braut Anna Landis-Aregger im Kreise der Familien vor dem Gasthaus «Wilden Mann» in Buonas, 1929.

fürstlichen Wohnpalast im klassizistischen Stil erbauen, inmitten eines wunderbaren Parks gelegen. Die Bauausführung dieser Villa lag in den Händen von Boldrini & Landis.

Weitere grosse Projekte waren in den späten 20er-Jahren die Erweiterung der Locarneser Hotels Reber und Quisisana sowie die Bauausführung eines modernen Hotels auf dem Monte Verità, das vom bekannten Düsseldorfer Architekten Emil Fahrenkamp gemeinsam mit dem Architekten Willy Roelli aus Ascona geplant wurde. Ob Karl Landis auf dem Monte Verità mit den illustren Gästen und deren Festen in Ascona in Berührung kam, muss offen bleiben. Auf jeden Fall galt «Carlo» Landis im Tessin nicht nur als gesuchter Fachmann, sondern auch als lebensbejahender Mensch mit einem fröhlichen und initiativen Freundeskreis, wie sich sein Weggefährte seit Kindertagen, Hans Koch, erinnerte.

Im Tessin lernte Karl Landis auch seine künftige Frau, Anna Aregger (1900–1988) aus dem luzernischen

Die Villa von Max Emden auf der Insel von Brissago, Bauausführung von «Boldrini & Landis», um 1928.

Das Kurhaus «Monte Verità», Ascona. Bauausführung von Boldrini & Landis, um 1928.

Neuenkirch, kennen. Im Oktober 1929 schritt das Paar in der Rischer St. Verena-Kirche zum Traualtar: ein Zeichen für die enge Verbundenheit mit den Wurzeln der Landis in Risch.

Einstieg ins Familienunternehmen
1929 kehrte Karl Landis nach Zug zurück – auf Wunsch seines nunmehr 70-jährigen Onkels Johann, der sich nach Entlastung sehnte, wohl aber auch wegen der schweren Wirtschaftskrise im Tessin, welche das junge Unternehmen von Karl Landis ebenfalls in Mitleidenschaft gezogen hatte.

Ab 1930 war Karl als weiterer Teilhaber im Zuger Unternehmen tätig, das nun unter dem Namen «Landis, Gysin & Cie., Bauunternehmung» figurierte. 1935 unterzog sich Karl Landis der neu eingeführten Baumeisterprüfung und erwarb mit Erfolg das Diplom als Baumeister. Hierbei profitierte er von einer Sonderregelung – zwar verfügte er über keinen Gesellenbrief, wohl aber über langjährige Erfahrung als Leiter seines eigenen Unternehmens. So konnte Karl Landis doch auch noch wie seine Vorfahren den traditionellen Meistertitel sein eigen nennen.

Trennung von Heinrich Gysin
Im Jahr 1936, nach dem Tod des Onkels, übernahm Karl Landis das Unternehmen auf eigene Rechnung. Auf Grund «einer gegenseitigen freundschaftlichen Vereinbarung», so war es zumindest in den Zuger Nachrichten inseriert, wurde die Kollektivgesellschaft per Ende 1935 aufgelöst und hiess neu «Karl Landis, Baumeister». Domiziliert war der Betrieb nach wie

Fabrikneubau der Landis & Gyr AG an der Gubelstrasse in Zug, Bauausführung von Landis, Gysin & Cie., 1929/30.

Erweiterung des Bürgerspitals mit einem neuen Südtrakt, 1934.

vor an der Albisstrasse. Um dieselbe Zeit gründete Heinrich Gysin nach dreissigjähriger Tätigkeit bei der Firma Landis die konkurrierende Bauunternehmung «Gysin & Sohn».

1936 begann auch die Ära von Karl Landis als Präsident des Zuger Baumeisterverbands, die bis 1958 dauern sollte. Es kam somit erneut ein Vertreter der Firma Landis in dieses Gremium. Dies zeigt, welche Bedeutung die Familie Landis in der ersten Hälfte des 20. Jahrhunderts für die Baubranche im Kanton Zug hatte. Von 1949 bis 1956 war Karl Landis überdies Vorsitzender des Zentralschweizerischen Baumeisterverbandes.

Ur-Ur-Urgrossvaters Kundschaft über dem Schreibtisch

Gleich neben dem Wohn- und Geschäftshaus von Johann Landis baute Karl ein weiteres, zweigeschossiges Haus, in dem sich sein Büro befand. Über seinem Arbeitsplatz hing die Kundschaft des Ahnherrn Mathias Landis – in diesem Dokument sah er gleichermassen eine Verpflichtung

Ausflug des Zuger Baumeisterverbandes, 1958. In der Bildmitte sitzend: der Präsident, Karl Landis, ganz rechts im Bild Karl Frigo, späterer Präsident des Zuger Baumeisterverbands.

Strassenkorrektion Zug-Walchwil in den 1930er-Jahren. Strassenstück mit Bootshaus von K. Speck, ausgeführt von Landis, Gysin & Cie.

gegenüber der Landis-Tradition wie auch einen Ansporn, Neues zu entwickeln.

Tatsächlich schuf das Unternehmen seit dem Eintritt von Karl Landis in den 1930er-Jahren einige wichtige Zuger Bauten. So wurde 1934–1937 das Bürgerspital Zug an der Artherstrasse um einen neuen Südtrakt erweitert, den Karl Landis nach den Plänen von Keiser & Bracher erbaute.

Notstandsarbeiten ausgeführt
Doch Karl Landis stiess in einer schwierigen Situation zum Unternehmen: Nachdem die Bautätigkeit Ende der 20er-Jahre leicht angezogen hatte, flaute sie bald wieder ab. Die gesamten 30er-Jahre und auch die Jahre des Zweiten Weltkriegs waren für die Baubranche in der Schweiz eine Krisenphase.

Bereits Anfang der 30er-Jahre hatten die kantonalen Behörden von Zug Notstandsarbeiten wie Strassenbauten und Meliorationsarbeiten in Auftrag gegeben. Die Minimallöhne betrugen für Verheiratete 1.10 Franken pro Stunde, für Ledige 1 Franken. Die Firma Landis konnte 1933/35 die Kantonsstrasse Zug/Walchwil bauen. Ein Bauabschnitt stand unter der Leitung des altgedienten Tessiner Poliers der Firma Landis, Albino Canepa.

Verpflegt wurden die 40 Arbeiter von dessen Schwiegermutter. Unter den Mitarbeitern befand sich auch Karl Anton Rust, der Vater des heutigen Inhabers der Landis Bau AG. Neben der Uferstrasse galt es auch Stützmauern zu errichten. Allgemein gehört die Zugerseestrasse heute zu den originellsten Hochbauten des Strassenbaus der Schweiz dank der vielen schmückenden Details.

Verhalten optimistisch
1935 hatte Karl Landis in der Familienchronik noch verhalten optimistisch in die Zukunft geblickt. Doch dann kam der Zweite Weltkrieg und legte ab dem Herbst 1939 fast alle Baustellen still. Kurzzeitig erfreute sich die Baubranche, wie schon im Ersten Weltkrieg, eines Sonderaufschwungs. Denn die Armee erteilte zahlreiche Bauaufträge; auch zum Schutz der Zivilbevölkerung wurden diverse Bauwerke errichtet. Landis erstellte unter anderem Befestigungsbauten auf dem Zugerberg bis zum Sihlsee. Trotz des Kriegs baute der Betrieb ausserdem ab 1940 Einfamilienhäuser und Wohngebäude am Guggiweg, am Meisenberg, in der Rebmatt, an der Guthirtstrasse, am Höhenweg sowie an der Weststrasse von Zug.

Rationierung der Baumaterialien
Ab dem Jahr 1942 kam es jedoch zur Rationierung von Zement und zu einer scharfen Preiskontrolle, welche die Bewegungsfreiheit der Bauunternehmer stark einschränkte. So fiel die private Bautätigkeit wieder auf den Stand der kaum überwundenen Krise zurück. Während 1942 der sogenannte Freizement für Reparaturarbeiten noch 50 Säcke pro Monat und Firma betrug, reduzierte sich die bewilligte Anzahl 1943 auf 30, 1944 auf 20, anfangs 1945 auf 10 Säcke und schliesslich anfangs September 1945

auf drei Säcke. Es entstand überdies ein fühlbarer Mangel an hydraulischem Kalk, an Backsteinen, Ziegeln, Kalksandsteinen und vielem mehr. In dieser Zeit war die Kreativität der Bauunternehmen gefragt, so weit wie möglich Ersatzbaustoffe zu nutzen.

Endlich wieder Aufträge!
1946 lockerten sich endlich die Rationierungsvorschriften, so dass die gesamte Bauwirtschaft wieder anfangen konnte, frei zu produzieren. Es entwickelte sich in der gesamten Schweiz eine ungeahnte Prosperität und Baufreudigkeit für Industrie- und Privatbauten, die bis in die 1960er-Jahre anhielt, trotz ständig steigender Baukosten. In den Nachkriegsjahren fielen rund 45 Prozent der erstellten Wohnungen unter den genossenschaftlichen Wohnungsbau, der mit staatlichen Geldern gefördert wurde. Bei den Baufirmen herrschte Vollbeschäftigung. Die Baukonjunktur wurde zu einem der Hauptträger der wirtschaftlichen Entwicklung in der gesamten Schweiz.

In den 1950er-Jahren wuchs die Bevölkerung Zugs massiv, wobei der Ausländeranteil auf rund 11 Prozent ankletterte. Der Grossteil der Zugewanderten stammte aus Italien und arbeitete in der beschäftigungsreichen Metall- und Maschinenindustrie sowie im Baugewerbe. So beschäftigte auch Karl Landis unter seinen durchschnittlich 120 Arbeitern mehrheitlich Italiener als Saisonniers. Mit diesen konnte sich «Carlo», wie er auch in Zug genannt wurde, dank seiner Italienischkenntnisse problemlos verständigen.

Das Verwaltungsgebäude des Obstverbandes Zug: Ein anspruchsvoller Eisenbetonbau mit statisch feingliedriger Konstruktionsausbildung. Architekten: Cordes & Schrader, Bauingenieur Gustav Kruck, 1949/50.

Neuer Teilhaber
Da der Ehe von Karl und Anna Landis keine Kinder entstammten, wurde 1949 ein neuer Teilhaber aufgenommen. Damit bewies die Familie erneut, dass sie gewillt und fähig war, weitere Personen in die Landis-Betriebskultur zu integrieren. Bei dem neuen Teilhaber handelte es sich um den 34-jährigen Thurgauer Viktor Konrad, den Karl aus dem Militärdienst kannte und der bereits seit 1940 im Betrieb arbeitete. Die Firma empfahl sich nun bei den Kunden als «Karl Landis & Cie., Baumeister, Zug».

Gründung der Rebmatt-Genossenschaft
In den 1950er-Jahren verlagerten Karl Landis und Viktor Konrad ihren unternehmerischen Schwerpunkt auf das sogenannte Investoren- sowie das Be-

Karl Landis hat auf seinem Bauernhof «Rebmatt» bis zur Einzonung Kirsch brennen lassen (ca. 1940).

Bauernhof in der Rebmatt, Oberwil, gekauft von Karl Landis. Nach der Einzonung folgte die Gründung der Genossenschaft «Rebmatt» (1947). 1948 wurde die Rebmattstrasse gebaut. Das Bild zeigt eine erste Projektentwicklung für den späteren Verkauf.

teiligungsmodell, die bereits Johann Landis praktiziert hatte. Sie erkannten, dass die Firma in dieser wirtschaftlich prosperierenden Zeit auf eine breitere finanzielle Basis gestellt werden musste, um dauerhaft profitabel und damit konkurrenzfähig zu sein.

So erweiterten Karl und Konrad ihre Geschäftstätigkeit auch auf den Grundstücks- und Immobilienhandel durch die Gründung von Baugesellschaften und trieben gleichzeitig die Erschliessung von Strassen und neuen Quartieren auf eigene Rechnung voran. Der Zeitpunkt war gut gewählt, denn der politisch-gesellschaftliche Druck nach günstigem Wohnraum und grösseren Wohnflächen liess die Bodenpreise ansteigen.

Einen Schritt weiter

Bereits 1936 hatte Karl Landis im Unterleh Land gekauft und erschlossen, die Parzellen bebaut oder das baureife Land zum Verkauf ausgeschrieben. Bei der «Rebmatt-Genossenschaft» (die heutige «Rebmatt AG»), die Karl Landis 1948 gründete, ging er noch einen Schritt weiter. Er hatte Jahre zuvor den Bauernhof Rebmatt in Oberwil gekauft und liess ihn zunächst durch einen Pächter betreiben. Auf eigene Faust begann er dann mit der Erschliessung und Parzellierung des

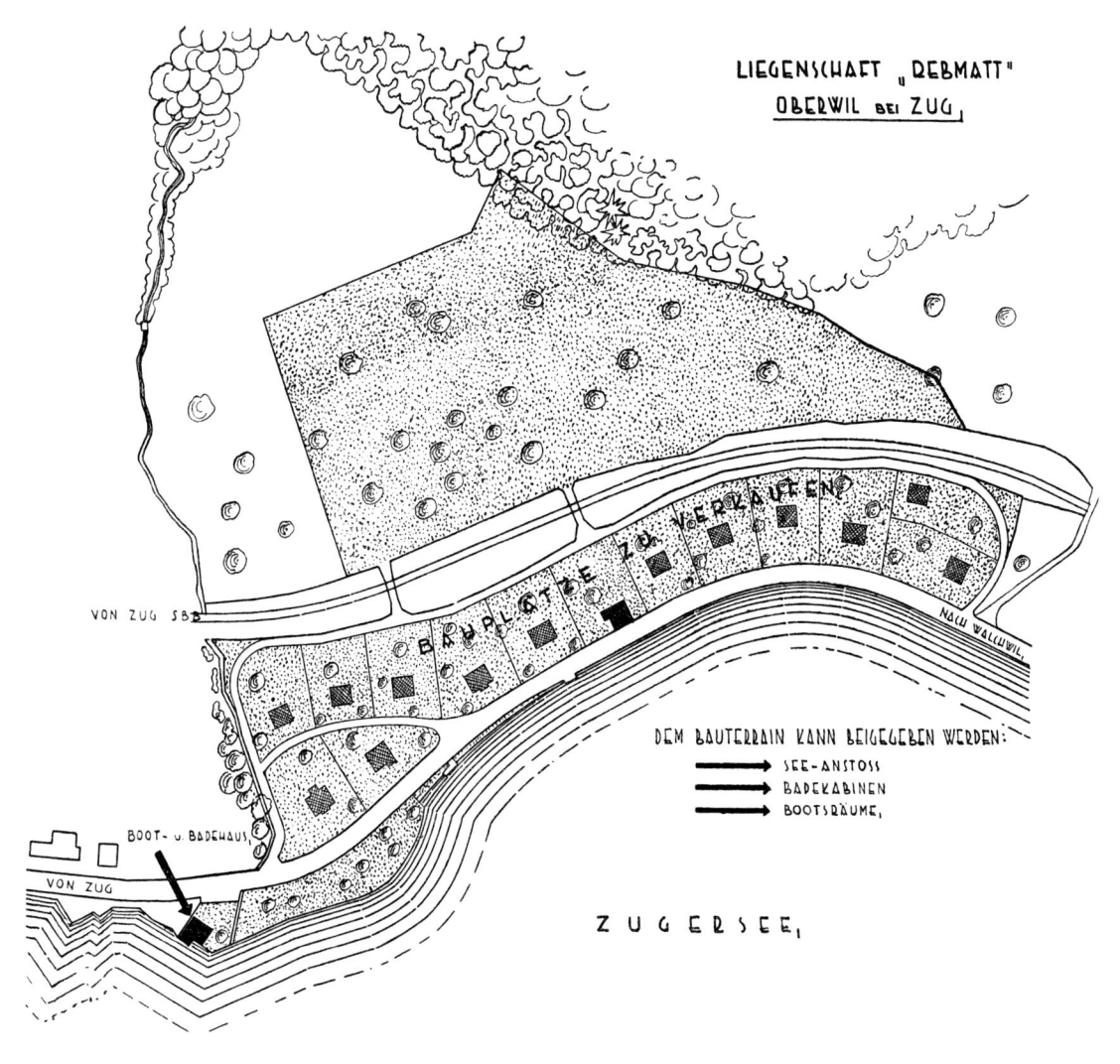

Landes. Im Anschluss an die Einzonung konnten Zuger Handwerker als Genossen von Landis je eine Einfamilienhausparzelle erwerben.

**Preisgünstigen
Wohnraum erschliessen**

Eine weitere Gründung einer Baugesellschaft war die «Lauried AG». Karl Landis und Viktor Konrad taten sich mit Landbesitzern zusammen und gründeten 1948 eine Aktiengesellschaft. Ihr Zweck war es, für preisgünstige Wohnbauten Land zu erwerben, zu erschliessen und so ein neues Quartier zu erstellen. Karl Landis und Viktor Konrad besassen einen Viertel des Aktienkapitals der Lauried AG und kümmerten sich um die organisatorischen Fragen der Landerschliessung und der Bebauung.

Bauprojekte, die Karl Landis und Viktor Konrad darüber hinaus als Baumeister im Auftrag erstellten, waren die Erweiterung der Kistenfabrik, das Eisenmagazin C. Bossard an der Gotthardstrasse sowie der Teilausbau der Fadenstrasse. 1950 bauten sie das Verwaltungsgebäude für den Obstverband Zug an der Baarerstrasse, ein anspruchsvoller Eisenbetonbau mit statisch feingliedriger Konstruktionsausbildung, sowie später das Kesselhaus der Papierfabrik Cham, ebenfalls eine Eisenbeton-Konstruktion (1957/58).

1950–1952 gestaltete Landis das Guthirt-Quartier mit grösseren Wohnüberbauungen am Lauriedhofweg für die Wohnbaugenossenschaft «Heimat» und erstellte auch das Schulhaus «Guthirt». 1955 erhielt Landis einen prestigeträchtigen Auftrag in der Altstadt, nämlich die Restaurierung des Wahrzeichens der Stadt Zug, des «Zytturm».

Besonders erwähnenswert sind auch die beiden von Landis gebauten Terrassenhäuser am Rothusweg in Zug aus dem Jahr 1958: Sie wurden vom bekannten Zuger Architekten Fritz Stucky (*1929), einem Pionier der industriellen Bauweise, konstruiert und waren die ersten Terrassenhäuser mit Eigentumswohnungen in der gesamten Schweiz.

Erstes hohes Haus in Zug

Bereits Johann Landis hatte ab 1928 mit seinen «Blockbauten» an der Baarerstrasse mit ihren imponierend langen, geschlossenen Strassenfronten

Kranführer Josef Häfliger auf dem neuen Kran «Gigant», beim Bau des neuen Kesselhauses der Papierfabrik Cham, 1957/58.

*Bild links:
Kesselhaus der Papierfabrik Cham; ein grösserer, anspruchsvoller Eisenbetonbau, für den ein neuer Kran angeschafft wurde, 1957/58.*

*Bild rechts:
Der alte Saurer-Lastwagen (links im Bild) wird durch ein neues «Berna-Modell» ersetzt, 1957. Der alte Lastwagen hatte während des Krieges eine Holzvergasereinrichtung.*

Renovation des über 450 Jahre alten Hotels «Ochsen» in Zug durch Karl Landis & Cie., 1954/55.

einen städtebaulichen Akzent gesetzt. Der Bau des ersten Hochhauses durch Karl Landis und Viktor Konrad bedeutete ebenfalls eine Zäsur: Zug begann nun in die Höhe zu wachsen. Das erste «hohe Haus» in Zug an der Baarerstrasse 122 wurde vom Zuger Architekturbüro «Gysin und Flüeler» geplant und von Landis 1958 gebaut.

Der zehngeschossige Bau war mit speziellem Sichtbackstein markant gestaltet. Dieser wurde bei der Landesausstellung in Lausanne 1964 von der Ziegelindustrie präsentiert. Die Backsteine stammten aus der Ziegelei von «Keller und Cie.» in Pfungen bei Winterthur. Bei der Statik wurde mit dem bekannten Zürcher Ingenieur Gustav E. Kruck zusammengearbeitet.

Für diese und weitere Überbauungen hatten die Baumeister Karl Landis, Viktor Konrad sowie der Architekt Heinrich Gysin, der Sohn des früheren Landis-Teilhabers, 1955 eine «Wohn-AG» gegründet (heute «AG für vorteilhaftes Wohnen, Wohnag»), um den günstigen Wohnungsbau zu fördern. Die Stadt Zug als Landeigentümerin war mit 40 Prozent daran beteiligt.

Letzte Jahre

In den letzten Jahren seines Lebens übertrug Karl Landis die Geschäftsleitung zunehmend seinem Geschäftspartner und Teilhaber Viktor Konrad. Den Beruf des Baumeisters hat Karl Landis zeit seines Lebens in einem umfassenden Sinn verstanden. So bekleidete er im Gewerbeverband des Kantons Zug viele Jahre das Amt des Vizepräsidenten, schuf das Ferienheim «Valle» bei Ambri Piotta im Kanton Tessin für Zuger Lehrlinge und gründete in Sursee eine Maurerfachschule.

Besondere Verdienste erwarb sich Karl Landis bei der Lancierung einer eigenen Krankenkasse für das Schweizer Baugewerbe, der «Artisana». Sie fusionierte später mit der «Helvetia» zur Krankenkasse «Helsana». Im Rahmenvertrag des schweizerischen Baugewerbes von 1947 wurde erstmals die Bedingung einer 2-prozentigen Krankenversicherungsprämie zulasten der Arbeitgeber vereinbart. 1952 wurde die Krankenkasse Artisana in Bern gegründet und Karl Landis in den Vorstand gewählt.

Ein besonderes Augenmerk legte Karl Landis ausserdem auf die Unternehmensgeschichte von Landis Bau. Denn die Bedeutung der Historie für die Identität eines Unternehmens war ihm wohl bewusst. So schrieb Karl Landis unter anderem im Jahre 1935 die Familienchronik «200 Jahre Berufstradition der Familie Landis» und verfasste ebenfalls eine Festschrift zum 50-Jahr-Jubiläum des Zuger Baumeisterverbandes.

Begeistert auf Reisen
In den Kriegsjahren kämpfte Karl Landis nicht nur um das Überleben seines Unternehmens unter schwierigsten Rahmenbedingungen, sondern diente auch als Mineur-Offizier. Mit Karabiner und Pistole sah man den «Stadt-Schützen» an manchem Schützenanlass, zuhause erinnerten zahlreiche Jagdtrophäen an die ruhige Hand und das sichere Auge von Karl Landis. Denn Jagd und Fischerei waren seine Erholung. Des Winters war der sportbegeisterte Baumeister auf dem Eis anzutreffen: Er war Mitglied der Curling-Clubs Rigi-Kaltbad und Pilatus-Luzern. Ein weiteres Hobby des engagierten Baumeisters war das Reisen, er besuchte viele fremde Länder und wusste seinen Freunden immer wieder Neues davon zu berichten.

Junge Berufskollegen unterstützt
Laut Erinnerungen des engen Freundes Hans Koch war Karl Landis ein «aufrechter und lieber Mensch» und stets bereit, die jungen Berufskollegen zu unterstützen. Aus dem reichen Schatz seiner Erfahrung gab er gern Auskunft und Hilfe. Kein Wunder also, dass bei seiner Beerdigung diverse Kollegen aus dem Baugewerbe an seinem Grab standen und sich an Karl Landis erinnerten. 1965 war Karl Landis im Alter von 69 Jahren einem Krebsleiden erlegen und wurde im Familiengrab bestattet. Seine Frau überlebte ihn mehr als 20 Jahre: sie starb 1988, im Alter von 88 Jahren.

Solides Erbe
Der Baumeisterbetrieb, den Karl Landis 1935 in konjunkturell schwierigen Zeiten übernommen hatte, stand bei seinem Tod finanziell auf einem sehr soliden Fundament. Durch Beteiligungen an diversen Baugesellschaften und mehrere Quartiererschliessungen führte er den Weg, den sein Onkel Johann Landis eingeschlagen hatte, konsequent weiter und konnte damit das Vermögen des Betriebs gegenüber 1936 massiv erhöhen.

Die Nachfolger: Auf dem Weg in die Zukunft

Viktor Konrad (1914–1971): Im Sinne der Familie

Viktor Konrad.

Nach dem Tod von Karl Landis wurde der 1914 geborene Viktor Konrad für sechs Jahre Alleininhaber von Landis, bis er selbst im Jahr 1971 überraschend früh verstarb.

Ab 1965 hiess der Betrieb nun «Karl Landis und Cie., Inhaber Viktor Konrad». Damit endete ein Teil der Tradition, denn erstmals stand nicht mehr ein Familienmitglied an der Spitze der Unternehmung. Dies bedeutete trotzdem keinen Abbruch der Kontinuität: Denn Viktor Konrad hatte viele Jahre eng und gut mit Karl Landis zusammengearbeitet. Seine Verbundenheit mit der Firma war gross. Es war ihm ein Anliegen, Landis im Sinne der Familientradition weiterzuführen und weiterzuentwickeln. Auch der Firmensitz blieb weiterhin an der Albisstrasse.

Erste berufliche Schritte

Viktor Konrad wurde 1914 in Romanshorn geboren. Er absolvierte, wie auch Karl Landis, das Technikum Winterthur und studierte anschliessend in Paris. Wieder in die Schweiz zurückgekehrt, wurde er Mitarbeiter im Architekturbüro Egender in Zürich und trat schliesslich 1940 in die Firma von Karl Landis ein. Viktor Konrad verheiratete sich 1948 mit Annemarie Baumann. Ein Jahr später wurde er Mitinhaber der Firma Landis. 1950/51 erstellte er zusammen mit der Firma Trucco den grossen Armeepark in Rothenburg.

Zeit des Wandels

Viktor Konrad wirkte in einer Zeit des technischen, wirtschaftlichen und gesellschaftlichen Wandels. Denn in der Nachkriegszeit stieg die Nachfrage im öffentlichen, im privaten und auch im Industrie-Bau stark an. Viktor Konrad, der sich bereits im Militärdienst durch sein Engagement als Offizier bei den Genietruppen profiliert hatte, investierte seinen Pioniergeist nun in die Firma Landis. Er nutzte die neuesten Techniken und war von allen Protagonisten der Landis-Geschichte derjenige, der sich am stärksten mit neuen Produktionsmethoden befasste. Anlass dazu waren die Hochhausbauten, die mit ihrer seriellen Wiederholung in der Vertikalen

Erstes 10-geschossiges hohes Haus in Zug mit speziellen hochfesten Sichtbacksteinen, 1958.

Schwesternhochhaus des Bürgerspitals Zug: Der schienenfahrbare Turmdrehkran ist in der Höhe knapp genügend, 1966/67.

Grossstädtisches Ambiente

Unter der Ägide von Viktor Konrad wurden insgesamt sechs Hochhäuser in Zug gebaut. Das grossstädtische Ambiente, über das Zug heute verfügt, verdankt es also zu einem guten Teil auch Viktor Konrad. Ebenfalls hat der Landis-Betrieb sehr von den innovativen Baumethoden profitiert, die Viktor Konrad für das Unternehmen entwickelt hat. Durch Erstellung von Betonelementen direkt an der Baustelle gelang es ihm, die Geschwindigkeit und die Effizienz von Landis Bau deutlich zu steigern. So wurde das Unternehmen noch flexibler und konnte besser auf die individuellen Wünsche der Bauherren eingehen.

Hochhaus «Herti»: Batterieschalung mit Dampferhärtung. Im Bild ist ein auf der Baustelle hergestelltes Liftschachtelement zu sehen (Liebherr-Turmdrehkran 90C), 1969.

Bild links: Industriebau der «V-Zug» mit Sheddach: Grundwasserabdichtung durch wasserdichte Betonkonstruktion, 1969.

Bild rechts: Bau der protestantischen Kirche in Walchwil: Das Sichtbeton-Schrägdach ist ein aussergewöhnliches diagonal-zweipunktgelagertes Tragwerk. Die Stabilität wird mit der Einbindung in den Turm sichergestellt, 1964.

Hochhaus «Glashof», Zug: selbstentwickeltes Vorfabrikationssystem für Tragwände mit Stahlkipptischen. Für den Bau wurde ein Kletterkran angeschafft, 1964/65.

einen besonderen Reiz für rationelles Bauen boten.

Neben den Hochhäusern zeichnete Viktor Konrad auch verantwortlich für den Bau der protestantischen Kirche Walchwil (1964), der Industriehalle der «Verzinkerei Zug AG» mit Sheddächern (1969), den Bau eines Wohn- und Geschäftshauses an der Chamerstrasse (1967) sowie die Erschliessung diverser Quartiere auf eigene Rechnung durch Landkauf, Parzellierung, Strassenbau und Bebauung.

Vorgefertigte Betonelemente auf der Baustelle

In der Schaffenszeit von Viktor Konrad fielen vor allem die Hochhausbauten ins Gewicht. Nach der Erstellung des Hochhauses an der Baarerstrasse im Jahr 1958 folgten 1964/65 das Hochhaus «Rialto» an der Chamerstrasse sowie 1966/67 das Angestelltenhochhaus beim Kantonsspital. Beim Hochhaus Rialto wurde wiederum eine Immobiliengesellschaft gegründet, die «Rialto AG», heute «Wohnhof AG». Nächstes Bauprojekt war in der gleichen Zeit das markante Hochhaus «Glashof» an der Baarerstrasse direkt beim Bahnhof Zug.

Hierfür schuf Viktor Konrad eine bauliche Innovation: Man arbeitete erstmals mit vorfabrizierten Wandelementen, die dank eigenen Kipp- und Rütteltischen direkt auf der Baustelle gegossen werden konnten. Zum Einsatz kamen auch selbst konstruierte

Landis Bau prägt die Stadtentwicklung von Zug

Seit den 1920er-Jahren setzte in Zug eine rege Weiterentwicklung ausserhalb des alten Stadtkerns ein. Nach Süden konnte sich die Stadt aufgrund der Landbesitzverhältnisse nicht ausdehnen. Sie entfaltete sich desshalb entlang der Chamer- und der Baarerstrasse sowie auf der Nordseite des Bahnhofs. Östlich entstand das Lauried- und Göbliquartier und im Hanggebiet die Quartiere Rosenberg, Guggital und Hänibüel.

Spezielles Baugesetz

Eine Besonderheit in Zug war die Ausgestaltung des Baugesetzes, welches die Erschliessung neuer Quartiere durch Private möglich machte: Die Stadt Zug überliess die Erstellung der Quartierstrassen und der Abwasserleitungen in den Hangquartieren privaten Bauherren. Dieses Vorgehen ersparte der Gemeinde grosse finanzielle Aufwendungen. Vor allem Landis Bau machte sich um die Erschliessung neuer Wohnquartiere in Zug verdient.

Zankapfel Kanalisation

Die Vorlage für ein Kanalisationsprojekt wurde 1927 von der Einwohnergemeindeversammlung abgelehnt, was zum Rücktritt des damaligen Baupräsidenten führte. 1957, 30 Jahre später, genehmigte die Gemeindeversammlung ein Kanalisationsprojekt mit einer Kostensumme von 7,5 Millionen Franken. Rückblickend ist zu bedauern, dass dieses Projekt periphere Quartiere wie Rebmatt, Rötel, Gimenen nicht einschloss. Deren Kanalisation musste erneut von privaten Unternehmern realisiert werden, vor allem von Landis.

Das zu erschliessende Bauland im Rötel am Hang von Zug, 1960.

Auch auf die Erstellung von Trottoirs wurde verzichtet, verkehrten doch damals erst wenige Motorfahrzeuge. Waren die Quartierstrassen nach den städtischen Richtlinien erstellt, wurden sie von der Stadt entschädigungsfrei übernommen. Sie übernahm damit auch den Unterhalt und die Schneeräumung.

Nach Einschätzung von Walther A. Hegglin, Alt Stadtpräsident von Zug, hätten sich vor allem die oben erwähnten Quartiere von Zug ohne die private Initiative von Landis nicht so schnell entwickeln können.

Richtstützen. Ein weiteres Novum war der Liebherr-Kletterkran, der im Treppenhaus montiert wurde und sich selber stufenweise hochziehen konnte.

«Entenschnabel» für mechanisierten Schalungsbau

Auch beim Bau des Hochhauses «Friedbach» im Jahr 1967 schuf Viktor Konrad Innovationen. Der Bauherr war der grösste Arbeitgeber der Region, die Firma Landis & Gyr. Sie wollte für ihre Angestellten zwei Hochhäuser erstellen. Dazu gab sie dem renommierten Zuger Architekten Leo Hafner (*1924) einen engen Terminplan vor, der zudem noch mit einem Bonus-Malus-System versehen war. So sah sich auch Viktor Konrad als Baumeister des einen Hochhauses gefordert, den ambitionierten Vertrag unbedingt einzuhalten. Unter diesem Druck entwickelte er zwei Innovationen: Zum einen liess er vor Ort in einer «Feldfabrik» Deckenelemente aus Stahlbeton giessen. Der Stahl war in den Formen zuvor vorgespannt worden. Ausserdem entwickelte er zum ersten Mal vorfabrizierte Schalungstische für Geschossdecken. Diese wurden mit einem speziellen «Entenschnabel» als Hilfsgerät versetzt und per Kran umgesetzt.

Bauen im Grundwasser

Bei einem weiteren grossen Bauprojekt, dem Wohn- und Geschäftshaus an der Chamerstrasse (1967), gab es ebenfalls spezielle Herausforderungen zu bewältigen: Hier musste im Grundwasser gebaut werden, was besondere Anforderungen an die Wasserdichtigkeit des Betons stellte. Zudem verwendete man die erste eigene Grossflächen-Wandschalung für streich- und tapezierfähigen Beton. Innovativ war auch die Vorfabrikation auf der Baustelle mit Montage durch einen Bockkran.

Weiteres Hochhaus

Zwei Jahre später, 1969, wurde ein weiteres Hochhaus gebaut: das sogenannte «Herti», das Landis im Auftrag

Hochhaus «Friedbach II» (West) mit Innovationen infolge des verkürzten Rohbautermins durch den Bauherrn – vor Ort hergestellte Betondeckenelemente mit Vorspannstahl (unten Sicht) und Grossflächen-Schalung (vgl. oberes Bild), 1967.

der «Rebmatt AG» sowie der «Pensionskasse Stadt Zug» erstellte. Das Hochhaus Herti war ein 15-geschossiger Bau, der im Rahmen einer grossflächigen Arealüberbauung mit verschiedenen Auftraggebern entstand. Das Land gehörte der Korporation Zug, einem grossen Land- und Waldbesitzer des Kantons. Ziel des Projektes war es, günstigen Wohnraum anzubieten. Wiederum lag die Planung des Hochhauses in den Händen von Gysin und Flüeler in Zusammenarbeit mit Gustav E. Kruck. Für den Bau entwickelte Viktor Konrad eine weitere Innovation: eine Batterieschalung mit Dampferhärtung. Diese sorgte dafür, dass man die vorfabrizierten Betonelemente erheblich schneller als bisher abbinden und erhärten konnte. Entsprechend schneller konnte gebaut werden – bei gleicher Sicherheit.

Plötzlicher Tod

1971 starb Viktor Konrad im Alter von 57 Jahren überraschend an einem Hirnschlag – ein Schock für seine Frau und seine drei Kinder. Auch für seine Mitarbeiter und Kunden kam dieser Todesfall sehr unerwartet. Die Abdankung fand in der protestantischen Kirche in Zug statt.

Die Herzen gewonnen

Viktor Konrad konnte die Herzen der Menschen, mit denen er zusammenarbeitete, gewinnen und sie für seine Ideen begeistern. Bauherren, Architekten, Handwerker und Mitarbeiter vermochte er so für die Umsetzung ihrer Aufgaben zu motivieren. Wenn es um die Erstellung eines Projektes ging, formulierte er die wesentlichen Ziele, liess aber seinen Mitarbeitern einen grosszügigen Handlungsspielraum bei der Umsetzung. Dieses Vertrauen motivierte alle, die mit Viktor Konrad zusammenarbeiteten, zu Höchstleistungen: Es schuf Raum für Kreativität und für das Entwickeln fortschrittlicher Baumethoden.

Erste eigene Grossflächen-Wandschalung mit gleichzeitiger Herstellung von streich- und tapezierfähigem Wandbeton für das Wohn- und Geschäftshaus «Union» an der Chamerstrasse, 1967.

Karl Rust (*1939): Tradition und Zukunft

Karl Rust.

1972 wurde Landis Bau nach dem unerwarteten Tod von Viktor Konrad in eine Aktiengesellschaft umgewandelt. Im Verwaltungsrat vertrat die Witwe Annemarie Konrad-Baumann als Präsidentin souverän und umsichtig die Interessen der Erbengemeinschaft. In den kommenden Jahren erlebte Zug einen bislang unbekannten wirtschaftlichen Aufschwung. Die Landwirtschaft verlor weiter an Bedeutung, den Takt gaben die Maschinen- und Metallindustrie vor. Doch siedelten sich ab 1960 auch immer mehr Aktien- und Holdinggesellschaften in Zug an, auf Grund der attraktiven Steuergesetze und der Nähe zum Wirtschaftsplatz Zürich. Das günstige Wirtschaftsklima in Zug manifestierte sich auch in einem starken Rückgang an landwirtschaftlichen Produktionsflächen und einem Bauboom im ganzen Kanton, der die Unterschiede zwischen Stadt und Land allmählich verschwinden und den Pendlerverkehr anschwellen liess.

Bautradition in der Familie

Karl Rust wurde am 6. September 1939 in Walchwil als ältestes Kind des Bauunternehmers Karl Anton Rust und der selbständigen Hebamme Marie Rust-Hürlimann geboren. Die Familie Rust war mit der Firma Landis seit jeher verbunden: Karl Anton Rust (1908–1993) hatte bereits von 1930 bis 1945 bei Landis erste «Bauluft» geschnuppert und profitierte trotz der damaligen Krisenzeit von einem sicheren Ausbildungs- und Arbeitsplatz. Karl Anton Rust schätzte vor allem die stolze Berufstradition sowie die Wertschätzung der Mitarbeiter bei Landis. Diese Wertehaltung führte er in seiner eigenen Walchwiler Bauunternehmung weiter, die heute von Karl Rusts Bruder Peter geführt wird. Als Vorbild lebte Karl Anton Rust seinem Sohn Karl den Umgang mit Ressourcen, Risiken und Kunden sowie loyales Handeln vor. Er weckte bei ihm damit die Freude, selber einen Betrieb zu führen und zu gestalten.

Erste berufliche Herausforderungen

Die positiven Erfahrungen des Vaters bei der Firma Landis waren für Karl Rust Grund genug, im Jahr 1960 in diese Unternehmung einzutreten und sämtliche schulischen und praktischen Ausbildungsstufen zu durchlaufen. Eine besondere Herausforderung bildete zum Beispiel der Bau des Lehrgerüsts bei der protestantischen Kirche Walchwil, das Einhalten des Rohbautermins für das Hochhaus Glashof mittels Vorfabrikation auf der Baustelle oder die anspruchsvolle

Erschliessung, Dammschüttung und der Bau der oberen Lüssirain- und der hinteren Rötelstrasse. Dabei liess sich Karl Rust schon damals vom Sinn und Geist von Viktor Konrad, dem damaligen Eigentümer von Landis Bau, motivieren.

Vor seinem Staatsexamen als Bauingenieur arbeitete Karl Rust jeweils während den Semesterferien regelmässig bei der Firma Landis. Er hat zudem an der ETH Zürich zwei weitere Semester Betriebswirtschaft für Bauingenieure studiert. Dazwischen hatte er Gelegenheit, im Auftrag von Professor Bruno Thürlimann während einer mehrwöchigen Studienreise in den USA einen Fachbericht über den dortigen Einsatz von wasserdichtem Beton zu erstellen.

Bewährung in der Konjunkturkrise

Im Juli 1971 wurde Karl Rust im Alter von 32 Jahren infolge des unerwarteten Todes von Viktor Konrad von dessen Frau, Annemarie Konrad-Baumann, zum Geschäftsführer bestimmt. Die grosse Verantwortung über die damals 140 Mitarbeitenden bedeutete für ihn eine enorme Herausforderung. Dank der Tüchtigkeit und Treue der langjährigen Mitarbeiter sowie verschiedener Neuerungen gelang es Karl Rust, in den schwierigen Jahren der Rezession infolge der Ölkrise das Unternehmen unbeschadet in die Zukunft zu führen.

Das erste grosse Bauprojekt der «Landis Bau AG» unter Leitung von Karl Rust war der Bau des Süd-Traktes der Kantonsschule Zug im Jahr 1972. Im gleichen Jahr baute Landis das Akutspital Baar und den Operationstrakt sowie 103 Eigentumswohnungen im Zuger Stadtteil Gimenen. Hierfür entwickelte das Landis-Team einmal mehr eine eigene Batterieschalung auf Rütteltischen für vorfabrizierte Elemente. Es folgte im Jahr 1974 die «Büro AG» Grienbachstrasse. Für diesen Bau stellte Landis in einer Feldfabrik Waschbetonelemente vor Ort direkt selbst her; eine weitere technische Neuentwicklung des Unternehmens.

«Büro AG», Zug: Sichtbetonfassaden und Erker in Waschbeton mit der auf der Baustelle entwickelten Vorfabrikationsmethode, 1974.

Eingefärbten Sichtbeton auf der Baustelle erstellt

In den Jahren 1974–1976 errichtete Landis Bau das Gebäude der Warenhauskette «EPA» in Zug. Hierbei konnte das Unternehmen einen weiteren technischen Meilenstein erreichen: Es gelang Landis als einem der ersten Unternehmen in der Schweiz, gestockten eingefärbten Sichtbeton in

Zweifamilienhaus, Rebmatt 32, Oberwil. Farbige und gestockte Sichtbetonfassaden, 1981.

Warenhaus «EPA», Zug: Pionierleistung durch eingefärbten und gestockten Sichtbeton, vor Ort hergestellt. Bauherrin war die «Neue Warenhaus AG» mit Walter Stöckli, Zürich. Der Architekt war M. Burckhardt, Basel, 1974–1976.

EPA, Zug: Zweigeschossige Baugrube (Rühlwand) im Grundwasser, ARGE Landis (Federführung)-Bless-Risi, 1974.

Gelbbraun direkt an der Baustelle herzustellen. Unter Druck der Rezessionszeit wurde an dieser Baustelle aus vorhandenem Schalungsmaterial erfolgreich eine Grossflächen-Deckenschalung konstruiert, welche sogar später auf Folgebaustellen eingesetzt werden konnte. Auch die Federführung für die mehrgeschossige Baugrubenumschliessung wurde Landis übertragen. Ebenso war die wichtige «elastische Grundwasserisolation» in den Baumeister-Werkvertrag integriert. Beim Bau der zugerischen Werkstätte für Behinderte in Baar (1976) wurde derselbe eingefärbte Sichtbeton wie bei der EPA verwendet.

Harter Winter, neue Ideen

Eine Herausforderung war auch das Gebäude für die «Göhner AG» beim Bahnhof Zug (unter Oberbauleitung von Helmut Kerler): Hier errichtete Landis ein Wohn- und Geschäftshaus mit Postfiliale im Erdgeschoss. Der harte Winter 1977 stellte besonders hohe Anforderungen: Damit trotz der kalten Temperaturen auf Drängen des Bauherren Beton gegossen werden konnte, entwickelte Landis ein spezielles Dampfhochdruckgerät. Dieses war ein umgebauter Apparat aus der Vorfabrikation mit Dampferhärtung bei der Batterieschalung vom Hochhaus Herti aus dem Jahr 1969.

In der gleichen Zeit erfolgte in kurzer Bauzeit die Tiefgarage Herti für die gleichnamige Wohnüberbauung mit 380 Parkplätzen. Im Jahr 1978 entwickelte der langjährige Landis-

Prokurist und Bauführer Ernst Müller eine eigene Kunden- und Renovationsabteilung, in der er 12 bis 18 ausgebildete Mitarbeiter beschäftigte. Dies war nicht nur zum Nutzen der Kunden, sondern diente auch der besseren Auslastung des Unternehmens durch Renovationsarbeiten in den Jahren der schlechteren Baukonjunktur.

Im Kampf mit dem Grundwasser

1984 erweiterte die Landis AG die Kantonsschule Zug; 1987 galt es, im Rekordtempo das «Zugorama» der Firma «V-Zug» zu bauen. Der Kampf mit dem Grundwasser war eine Tücke beim Bau des Parkhotels Zug im gleichen Jahr. Um das Gebäude erfolgreich und langfristig abzudichten, arbeitete Landis für das zweite Untergeschoss mit wasserdichtem Beton.

Beim Einkaufszentrum «Metalli» an der Baarerstrasse im Jahr 1988 war die Landis Bau AG erneut in einer Arbeitsgemeinschaft federführend. 1989 baute Landis einen Teil der Wohnüberbauung «Neudorf» der «Valorit AG» in Cham in einem Sichtmauerwerk aus Kalksandstein, zwei Jahre später wurde das Wohn- und Geschäftshaus «Seerose» an der Rigistrasse erstellt, ebenfalls in Sichtmauerwerk.

Bei der «Eichstätte» Zug probierte das Unternehmen 1992 erfolgreich eine neue Baumethode aus: Es erstellte eine vorgezogene Kletterschalung für den Treppenhauskern. 1993 wurde eine Wohnüberbauung in meh-

«Zugorama»: Gemäss dem Zuger Architekten Alphons Wiederkehr bezieht sich die architektonische Sprache dieses Gebäudes mit perfekt verarbeiteten Metallverkleidungen auf die Produktewelt der «V-Zug», 1987.

Spende einer Baumallee für die Stadt Zug anlässlich 225 Jahre Landis Bau AG, 1984: In der Mitte, Karl Rust, neben ihm Stadtpräsident Othmar Kamer. Links im Bild: Annemarie Konrad-Baumann, Witwe von Viktor Konrad, und Anna Landis-Aregger, Witwe von Karl Landis.

Spektakulärer Brückenrückbau über die Autobahn bei Horw (Luzern), 1997.

reren Etappen in der Leimatt Oberwil für den «Verein Barmherzige Brüder» in Angriff genommen. 1995/96 erstellte Landis für die Wasserwerke Zug ein neues Verwaltungsgebäude und den Werkhof, wieder ein Winterbau.

Zerschneiden einer Brücke

1997 erfolgte innerhalb einer Arbeitsgemeinschaft der Rückbau der Betonbrücke über die Autobahn bei Horw (Luzern) mit einer innovativen Methode: Man fräste die Brücke teils mit einer Seilsäge in 20 Tonnen schwere Stücke. Vom Lehrgerüst aus wurden sie nachts trotz Autobahnverkehr einzeln abgeführt. So wurden Lärm- und Staubemissionen reduziert.

Rücksichtsvolle Arbeitsmethoden

1989 wurde die SBB-Brücke über die Autobahn im zugerischen Steinhausen um 30 cm angehoben. Dieses Projekt fand ausschliesslich in Nachtarbeit statt. Auch bei der Erneuerung der Bärenbrücke in Cham von 1990 arbeitete Landis rücksichtsvoll: Dank der Idee einer Hilfsbrücke konnte die Bärenbrücke in einer Etappe erstellt werden und so die einspurige Verkehrsführung der Kantonsstrasse um Monate verkürzt werden.

1987/90 baute Landis in zwei Phasen für die Schweizerischen Bundesbahnen (SBB) den Aabach-Viadukt

Geschäftshaus «Eichstätte» Zug: Einsatz einer Kletterschalung für vorgezogenen Treppenkern. In den Untergeschossen Baugrubenabschluss mit Deckelbauweise, 1992/94.

SBB-Lorzenbrücke, Cham: Die Brücke wurde seewärts über dem Wasser nebenan erstellt und im Verschiebeverfahren in einer Nacht eingeschoben, 1996/97.

Lorzentalbrücke, Cham: Anspruchsvolle Betoninstandsetzung mit einer Sichtfläche von 11 600 m², 1993.

Brückenbau:
Das Unmögliche möglich machen

Neben dem Hochbau profilierte sich Landis Bau seit 1976 jedoch vor allem im Tief- und Brückenbau. Sie machte sich einen Namen als ein Unternehmen, welches «das Unmögliche möglich macht», denn es gelang ihr wiederholt, durch originelle und durchdachte Baumethoden die Beeinträchtigung des Verkehrs auf eine Weise zu minimieren, die man vorher nicht für möglich gehalten hatte: zum Beispiel bei der Bärenbrücke Cham, bei der Horwerbrücke oder den Seebrücken Cham.

Bärenbrücke, Cham: Ausgetüftelte Unternehmervariante zur Verkürzung der Bauzeit durch Einbau einer überführenden Stahlhilfsbrücke für den Einspurverkehr auf der Kantonsstrasse, 1990.

Grosser Konzertsaal des KKL Luzern: Arbeitsgemeinschaft unter der Federführung von Landis Bau AG, 1995–1997.

in Zug. Dies war das grösste Brückenbauobjekt, das Landis in seiner bisherigen Unternehmensgeschichte erstellt hat, auch mit Hilfe eines eigenen Autokrans.

Bahnbetrieb aufrecht erhalten
Ein anspruchsvolles Brückenbauprojekt prägt auch das Jahr 1992: Beim Sagenbach-Viadukt in Walchwil gestaltete Landis in Nachtarbeit einen neuen Eisenbeton-Oberbau, so dass der Bahnbetrieb aufrecht erhalten werden konnte.

1993 stand die Beton-Instandsetzung der Lorzentalbrücke in Cham an. Im folgenden Jahr baute Landis auch die Höllgrottenbrücke in Baar; sie wurde in der Unternehmervariante vor Ort vorfabriziert und dann in einem Zug eingebaut.

1996/97 erstellte die Landis Bau AG in Cham erneut ein Brückenbauwerk mit Unternehmervariante: Es galt, eine SBB-Seebrücke über die Lorze zu bauen. Die Brücke wurde neben dem geplanten Platz seewärts über dem Wasser erstellt und dann in einer Nacht an den richtigen Standort eingeschoben. Dieses Verfahren hatte man bereits 1993 bei der SBB-Poststrassenbrücke in Zug erfolgreich angewandt.

KKL-Projekt unter grossem Zeitdruck
Doch nach wie vor war Landis Bau auch im klassischen Hochbau tätig: Ein spektakuläres Projekt war die Konzerthalle des schweizweit bekannten «Kultur- und Kongresszentrum Luzern» (KKL) des Architekten Jean Nouvel. Diese wurde in den Jahren von 1995 bis 1997 von einer Arbeitsgemeinschaft unter Federführung von Landis Bau errichtet. Die ARGE-Bau-

meister schafften es dank innovativer Baumethoden und guter Organisation, trotz verzögertem Baubeginn und einem kalten Winter den ambitiösen Rohbautermin einzuhalten. Dieser Leistung ist es zu verdanken, dass wie geplant am 18. August 1998 das Eröffnungskonzert mit dem Dirigenten Claudio Abbado stattfinden konnte.

Umweltschutz als Ziel

Um den hohen Ansprüchen bei der Auftragserteilung von Bundesbauten gerecht zu werden, begann Landis 1996 als eine der ersten Baufirmen in der Schweiz mit der ISO-Zertifizierung und führte das Qualitätsmanagement nach ISO-Norm 9001 ein. Nach einem anspruchsvollen Lernprozess gelang dem Unternehmen im Jahr 1999 auch die Zertifizierung nach der ISO-Norm 14001 für Umweltschutz, erneut als eines der ersten Unternehmen des Landes. Ein Beispiel für gelebten Umweltschutz ist die Schnitzelheizung, die Landis bei der Übernahme der Bauunternehmung A. Hotz in Baar (1989) auf dem neuen Werkhof Deinikon erstellte: Sie heizt ausschliesslich mit dem Abfallholz von den eigenen Baustellen. Seit 2005 ist Landis Bau darüber hinaus auch nach der Norm OHSAS 18001 für Arbeitssicherheit und Gesundheitsschutz zertifiziert – und damit eines der wenigen Bauunternehmen in der Schweiz, das alle drei Normen erfüllt.

Teilnehmerin am Innovationswettbewerb

Die Kreativität der Landis Bau AG erweist sich auch darin, dass sie 2007 bereits zum dritten Mal am Innovationswettbewerb der Zuger Volkswirtschaftsdirektion teilnahm – mit drei Objekten:

Die «Herti-Sporthalle» Zug, 2000/01 gebaut, zeichnet sich durch eingefärbten schwarzen Sichtbeton im Inneren und gekratzten schwarzen Sichtbeton an der Aussenwand aus. So ergibt sich ein modernes und zugleich klassisch-schlichtes Ambiente bei diesem im Stil des Neorationalismus erstellten Bau. Architekt war der Tessiner Eraldo Consolascio, der unter anderem mit seiner Partnerin Marie-Claude Bétrix das Sportstadion Letzigrund in Zürich oder die Messehalle 9 der Olma St. Gallen entwarf.

«Herti-Sporthalle»: im Innern mit schwarz eingefärbtem Sichtbeton, aussen mit «gekratzten Sichtflächen», 2000/01.

Kantonsschule Zug (Erweiterung): erstmals Einsatz des hochfesten Betons B 70/60 für komplexe Sichtbetonverarbeitung (Projektleitung Stefan Ghisleni), 2002/04.

Bei der Kantonsschule Zug (2002/04) verwendete Landis Bau erstmals den hochfesten Beton B 70/60. Dieser wurde in ein spezielles Spannkabelfachwerk in extrem auskragenden Wandscheiben gegossen. Die Gebäudefugen sind hinter den Wasserabtropfkanten nahezu unsichtbar.

Das dritte Wettbewerbsprojekt war der «Citypark» an der Bundes-, Rigi- und Gartenstrasse in Zug. Hier setzte Landis einen neuartigen, monolithisch wirkenden Sichtbeton mit zwei Naturkiesen ein. Alle vier Betonsicht-Fassaden sind erstmals horizontal und vertikal vorgespannt.

Erneut als Bauträger tätig

Nach dem Tod von Viktor Konrad gingen die Immobilien der Landis auf dessen Erben über. Doch Karl Rust hat den seit mehr als 100 Jahren ausgeübten Geschäftszweig der Erschliessung von Bauland und der Erstellung von Bauten auf eigene Rechnung im Laufe seiner Tätigkeit für die Landis Bau AG wieder aktiviert, wenn sich eine Gelegenheit dazu bot.

Ein aktuelles Beispiel ist das Gebiet der Baarermatte in Baar. Dort erschliesst Landis sukzessive das Bauland und das Areal des ehemaligen Werkhofs. Bereits seit 1996 wurde eine erste Etappe der Baarermattstrasse von 120 m Länge erstellt und

«Citypark», Zug (1–3) in Deckelbauweise. Neuartig sind die vorgezogenen, monolitisch und farbig wirkenden Sichtbetonfassaden mit zwei Naturkiesen (Elsass und Hamburg) (3) sowie horizontale und vertikale Vorspannung. Bauherr: Olle Larsson, 2006/07.

eine Renaturierung für eine längere Bachöffnung vorbereitet. 2008 lancierte Landis zusammen mit Nachbarn einen Architekturwettbewerb.

Firmenübernahme und Wechsel in den Verwaltungsrat

Karl Rust, verheiratet mit Margareth Rust-Oesch, ist seit 2001 Alleininhaber der Landis Bau AG. Eine Umbenennung in «Rust AG» stand für ihn dennoch nie zur Debatte. Denn es ist ihm ein grosses Anliegen, den «Landis-Geist» zu bewahren. Es liegt deshalb nahe, diese Kontinuität auch mit dem lokal etablierten und geschätzten Firmennamen zu betonen.

Nachdem Karl Rust bis 2001 den Vorsitz der Geschäftsleitung führte, konzentriert er sich seither auf die Leitung des Bereichs Immobilien. Er präsidiert zudem seit 1993 den Verwaltungsrat, dem 2007 auch seine Tochter, Rechtsanwältin lic. iur. Letizia Rust, beitrat – als Zeichen der Weiterführung des Familienunternehmens auch in der nächsten Generation. Neben Karl und Letizia Rust gehören Rino Rossi, ehemaliger Verwaltungsratspräsident der V-Zug, sowie der Rechtsanwalt lic. iur. Walter Weber, ehemaliger Verwaltungsratspräsident der ZKB, zu den Verwaltungsräten.

Politisches und gesellschaftliches Engagement

Als Vertreter der Christlichdemokratischen Volkspartei (CVP) war Karl Rust 16 Jahre im Zuger Stadtparlament tätig, zwei Jahre amtete er als Präsident. Seit 1998 sass er acht Jahre im Kantonsparlament. Im Rahmen dieser Tätigkeit war er die treibende Kraft hinter der Einführung der «wirkungsorientierten Verwaltungsführung» (PRAGMA). Diese Initiative hat dafür gesorgt, dass öffentliche Verwaltungen mit Globalbudget und Leistungsauftrag nach betriebswirtschaftlichen Grundsätzen arbeiten. Das Attentat von 2001 hat Karl Rust unverletzt überlebt.

Wie schon Johann Landis war auch Karl Rust städtischer und kantonaler Gewerbepräsident sowie Mitglied der Schweizerischen Gewerbekammer. Gemäss der Wochenzeitschrift «Facts» zählt Karl Rust neben dem Politiker Georg Stucki zu den wichtigen «Strippenziehern» Zugs.

Mitarbeitertreue als Firmenzeichen

Inspiriert von der 250-jährigen Geschichte der Bauunternehmung Landis, hat Karl Rust ein Buch geschrieben, das 2007 im NZZ-Verlag erschien: «Das Troika-Modell – mit Unternehmergeist zum nachhaltigen Erfolg». Darin präsentiert er ein unternehmerisches Führungsmodell auf Basis von Leitfarben, das Tradition und eigene Erfahrungen verknüpft. Das Führen nach Farben setzt Karl Rust seit Jahren auch in der Landis Bau AG erfolgreich um.

Wer heute den Betrieb besucht, der spürt die familiäre Atmosphäre und die enge Verbundenheit der Mitarbeiter mit dem Betrieb. Sie war seit je ein typisches Firmenzeichen von Landis. 1992/93 beispielsweise konnten gleich fünf Mitarbeiter geehrt werden, die mehr als 40 Jahre im Dienst von Landis standen.

Hans Lampart (1948–2006):
Weggefährte in der Geschäftsleitung

Hans Lampart.

Im Jahr 2001 übergab Karl Rust den Vorsitz der Geschäftsleitung an seinen bewährten Weggefährten Hans Lampart. Zuvor war dieser lange Jahre technischer Leiter des Betriebs gewesen. Unter seiner Leitung erstellte Landis mit Viktor Naumann von der «Alfred Müller AG» mit einem engen Zeitplan die grossen Bauten der «Lego AG» in Baar. Ausserdem war er mitverantwortlich für den grossen Konzertsaal des KKL Luzern, für über 20 Brücken sowie für die Zuger Herti-Sporthalle in Sichtbeton. Dieses Material verwendete Hans Lampart auch bei der zweiten Erweiterung der Kantonsschule Zug (2002/04) und einer Villa in Baar (2003) mit ungewöhnlicher Rundfassade.

Wohnraum für Familien

Zwischen 2002 und 2005 baute Landis unter Leitung von Hans Lampart eine Vielzahl von Eigentumswohnungen und Doppel-Einfamilienhäusern in der Rothusmatt in Zug. Bei diesem

Überbauung Grafenau Süd, Zug: 1 = Erste und zweite Etappe: Längsbau. 2 = Dritte Etappe: im Rohbau. 3 = Vierte Etappe: Erdgeschoss im Bau. Im Vordergrund: Der SBB-Aabachviadukt, der grösste Brückenauftrag von Landis Bau AG, erstellt 1987/90. Im Bild zu sehen ist auch das ehemalige Wohn- und Geschäftshaus von Johann Landis (Pfeil), Aufnahme 2006.

Eigentumswohnungen und Doppel-Einfamilienhäuser in Rothusmatt, Zug: Die Bauherren waren «Bentom AG» und Landis Bau AG. Projektidee Prof. A. Rüegg, Zürich, Architekten Wiederkehr und Krummenacher. Generalunternehmer war die «A. Müller AG», Baar, 2002/05.

Projekt arbeitete Landis mit der «Bentom AG» zusammen, gemeinsam erwarb man die Grundstücke, plante und überbaute sie und verkaufte schliesslich die Häuser. Die Architekten waren Wiederkehr und Krummenacher mit der Alfred Müller AG als Generalunternehmerin. Auch beim Citypark an der Bundesstrasse in Zug engagierte sich Hans Lampart. Seine grosse Herausforderung war die Deckelbauweise, die Grundwasserabdichtung und der farbige Sichtbeton in den zweidimensional vorgespannten Sichtbetonwänden.

Brückenbauer im doppelten Sinne

Das letzte Brückenbauprojekt von Hans Lampart war 2005 die SBB-Brücke Goldau. Schon in seinen Jahren als technischer Leiter war er an diversen Brückenbauten beteiligt, denn anspruchsvoller Brückenbau war seine Leidenschaft. Je komplizierter das Projekt, desto reizvoller die Herausforderung. Auch der Brückenbau «von Mensch zu Mensch» war eine Stärke des sympathischen diplomierten Baumeisters.

So war es ein Schock für das gesamte Unternehmen, als Hans Lampart 2006 schwer erkrankte. Am 15. Dezember 2006 starb er unerwartet rasch und hinterliess nach 30 Jahren bei Landis Bau nicht nur eine grosse fachliche Lücke, sondern auch viele Kollegen, die aufrichtig um einen sympathischen Kollegen, fairen Chef und liebgewonnenen Freund trauerten. Gern erinnerten sie sich an den herzlichen und kreativen Teamspieler, der in seiner Freizeit begeistert mit dem Rucksack quer durch die Welt reiste.

Walter Meyer (*1960): Baumeister auf neuen Pfaden

«Allrüti», Rotkreuz: Überbauung mit 70 Mietwohnungen für die Familien Schwerzmann, Axess-Architekten, Zug, 2007/08.

Es war typisch für Hans Lampart, dass er sich trotz seiner schweren Krankheit um die weitere Entwicklung von Landis Bau sorgte. Gemeinsam mit Karl Rust fand er den geeigneten Nachfolger für den Vorsitz der Geschäftsleitung und die Leitung des Hoch- und Brückenbaus – in seinem Kollegen Walter Meyer, den er als Mit-Experten bei den eidgenössischen Baumeisterprüfungen kennen- und schätzengelernt hatte. Walter Meyer, auch er ein eidgenössisch diplomierter Baumeister, übernahm die Position auf Januar 2007. Ab dem Jubiläumsjahr 2009 befindet sich der Firmensitz von Landis Bau in einem neuen Gebäude von Karl Rust im Feldpark 2, wo auch mehrere preisgünstige Wohnungen entstehen.

Neue Projekte

Mit der neuen Geschäftsleitung hat Landis Bau bereits wieder diverse Bauprojekte in Angriff genommen, so

Teuftännlibach, Neuägeri: Sanierung des Bachdurchlasses und Teilersatz des Wasserkanals durch Landis Bau AG (180 m), 2007.

«Obermühle», Baar: Anspruchsvoller stufenweiser Eisenbeton-Teilrückbau mit provisorischer biegesteifer Abstützung nach unten. Eisenbetonaufbau nach oben. Getreidesilo der Familien Hotz mit einer Höhe von 31 Metern wird in der Schweiz erstmals in Wohnungen umgebaut, 2008/09.

Unterführung «Schleife», Zug: Unterquerung der Nordzufahrt (Autobahn) mit Spundwänden im Grundwasser, Hilfsbrücke sowie Brückenplatte mit gekrümmten Sichtbetonwänden, 2008.

die grosse Wohnüberbauung «Allrüti» in Rotkreuz sowie die im Steilhang liegende Wohnüberbauung «Hofstrasse» der Siemens-Pensionskasse und Allreal (beide 2007/08). Hinzu kommen der Totalumbau der Migros im Metalli-Gebäude sowie die Unterführung «Schleife», Zug.

Aktuell laufen weitere anspruchsvolle Bauprojekte: Das Areal der Baarermatte, wo Landis das Gelände erschliesst, Strassen baut und nach einem Architekturwettbewerb Häuser und Geschäftsbauten erstellt, das Wohnen bei der «Indukta» für die «Hammer Retex AG» an der Baarerstrasse in Zug sowie der Siloumbau der «Obermühle» Baar in Wohnungen – ein besonders ungewöhnliches Bauprojekt.

Ahnherr Mathias wäre stolz

Wenn der Anherr Mathias Landis über zweieinhalb Jahrhunderte auf die heutige Landis Bau AG blicken könnte – er wäre sicherlich erstaunt und auch stolz, was sich aus dem Kleinbetrieb des ehemaligen Leibeigenen und Wandermaurers bis heute entwickelt hat.

Die Mitarbeitenden der Landis Bau AG, 2009.

Stammtafel der Baumeisterfamilie Landis

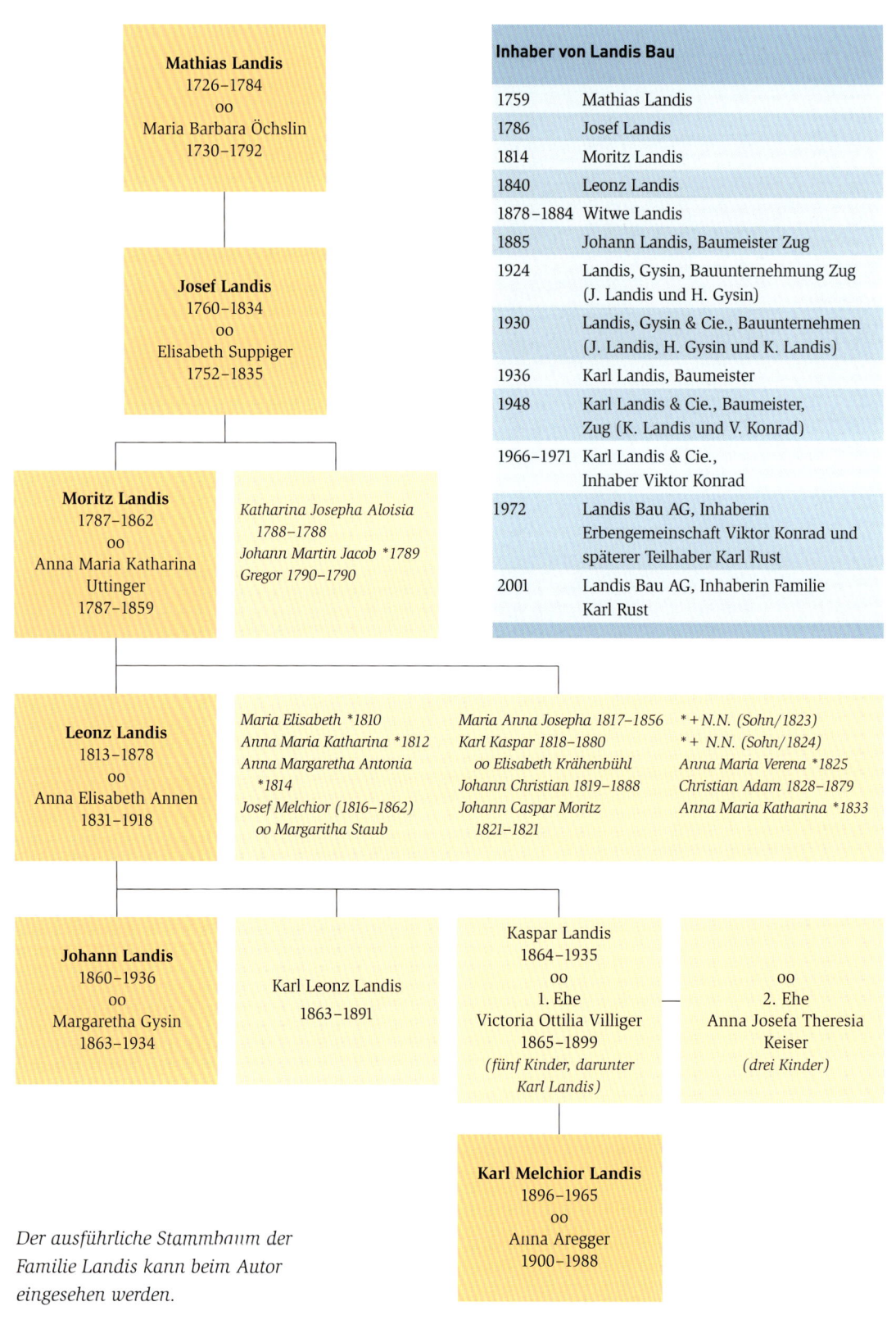

Mathias Landis
1726–1784
oo
Maria Barbara Öchslin
1730–1792

Josef Landis
1760–1834
oo
Elisabeth Suppiger
1752–1835

Moritz Landis
1787–1862
oo
Anna Maria Katharina Uttinger
1787–1859

Katharina Josepha Aloisia
1788–1788
Johann Martin Jacob *1789
Gregor 1790–1790

Leonz Landis
1813–1878
oo
Anna Elisabeth Annen
1831–1918

Maria Elisabeth *1810
Anna Maria Katharina *1812
Anna Margaretha Antonia *1814
Josef Melchior (1816–1862)
  oo Margaritha Staub

Maria Anna Josepha 1817–1856
Karl Kaspar 1818–1880
  oo Elisabeth Krähenbühl
Johann Christian 1819–1888
Johann Caspar Moritz
1821–1821

* + N.N. (Sohn/1823)
* + N.N. (Sohn/1824)
Anna Maria Verena *1825
Christian Adam 1828–1879
Anna Maria Katharina *1833

Johann Landis
1860–1936
oo
Margaretha Gysin
1863–1934

Karl Leonz Landis
1863–1891

Kaspar Landis
1864–1935
oo
1. Ehe
Victoria Ottilia Villiger
1865–1899
(fünf Kinder, darunter Karl Landis)

oo
2. Ehe
Anna Josefa Theresia Keiser
(drei Kinder)

Karl Melchior Landis
1896–1965
oo
Anna Aregger
1900–1988

Inhaber von Landis Bau	
1759	Mathias Landis
1786	Josef Landis
1814	Moritz Landis
1840	Leonz Landis
1878–1884	Witwe Landis
1885	Johann Landis, Baumeister Zug
1924	Landis, Gysin, Bauunternehmung Zug (J. Landis und H. Gysin)
1930	Landis, Gysin & Cie., Bauunternehmen (J. Landis, H. Gysin und K. Landis)
1936	Karl Landis, Baumeister
1948	Karl Landis & Cie., Baumeister, Zug (K. Landis und V. Konrad)
1966–1971	Karl Landis & Cie., Inhaber Viktor Konrad
1972	Landis Bau AG, Inhaberin Erbengemeinschaft Viktor Konrad und späterer Teilhaber Karl Rust
2001	Landis Bau AG, Inhaberin Familie Karl Rust

Der ausführliche Stammbaum der Familie Landis kann beim Autor eingesehen werden.

Nachwort

Was macht ein Unternehmen wie Landis Bau AG 250 Jahre lang erfolgreich? Es sind die Menschen aus der Familie Landis und ihre Nachfolger, die gemeinsam mit den Mitarbeitenden einige wichtige Eigenschaften bewahrt und weitergetragen haben. Da ist einmal die Mischung aus Werten, Traditionsbewusstsein und Berufsstolz – dem unbedingten Willen, gute Arbeit zu leisten. Hinzu kam eine Offenheit für neue Ideen und Methoden, welche immer wieder zu innovativem Handeln und bisweilen zu pionierhaften Lösungen geführt haben.

Auch unternehmerisch hat die Führung von Landis über die Jahrhunderte immer wieder an den entscheidenden Punkten die Weichen richtig gestellt: Das begann mit dem wegweisenden Standortentscheid für die Zuger Vorstadt, ging weiter mit der klugen Beschränkung auf die Baumeistertätigkeit anstelle weiterer Gewerke und zog sich bis zur ebenso vorausschauenden Erweiterung der Geschäftsmodelle hin zu Bauträgerschaft und eigenen Erschliessungen von Wohngebieten. So konnte Landis nicht nur seine Finanzbasis erweitern, sondern sich auch durch Risikostreuung von der wechselhaften Baukonjunktur unabhängiger machen. Gleichzeitig blieb Landis immer nah an den Kunden und ihren individuellen Bedürfnissen. Besonders zu erwähnen ist, dass Landis Bau durch die Erschliessung diverser Wohnquartiere die Entwicklung des modernen Zug und dessen Stadtbild entscheidend mit vorangetrieben hat.

Ein weiteres Kennzeichen der erfolgreichsten Führungspersönlichkeiten von Landis war, dass sie es geschickt verstanden, ihre berufliche Tätigkeit mit politischem und gesellschaftlichem Engagement zu verknüpfen und damit die Rahmenbedingungen ihres unternehmerischen Handelns ein Stück weit mitzugestalten. Schliesslich – das ist schwer zu fassen, aber dennoch spürbar – gab es immer auch eine enge Verbundenheit zwischen den Mitarbeitenden, eine gelebte Firmenkultur auf allen Stufen des Betriebs.

Die zahlreichen, das heutige Zuger Stadtbild prägenden Bauten von Landis sind nicht nur steinerne Zeugen der wechselvollen Firmengeschichte, sondern auch Meilensteine des wirtschaftlichen und gesellschaftlichen Wandels im Kanton und seinem Hauptort Zug, der ein urbanes Zentrum geworden und gleichwohl eine Kleinstadt geblieben ist.

Anhang

Auszug aus dem Investorenmodell der Firma Landis Bau AG

1885	Restaurant Pilatus, Zug: Landverkauf von Johann Landis ab der väterlichen Liegenschaft an der heutigen Bahnhofstrasse.
1912	Erster einer Reihe Häuserblöcke an der Baarerstrasse 54–60.
1918	Verkauf von vier Häusern am Lüssiweg zum Preis von 18 500 Franken bis 32 500 Franken mit einer Garantiefrist von zwei Jahren.
1924	Block an Baarerstrasse 40–48, mit Eckbauten Gubelstrasse/Bleichestrasse. Parzellierung mit Grenzbaurecht. Wohnblock sowie Reiheneinfamilienhäuser und Einzelbauten am Gärtliweg 1–21. Ab 1927 Baarerstrasse 103–109.
1931	Häuserblock an der Bahnhofstrasse (heute Bundesplatz 4–10). 1935 folgte noch Bundesplatz 12.
1958	Erstellung und Verkauf der ersten Terrassen-Eigentumswohnungen der Schweiz nach Architekt Fritz Stucki, Zug.
1962	Teilverkauf ab dem Bauareal Baarerstrasse (896 m^2) mit bewilligtem Projekt für das Hochhaus Glashof mit der Verpflichtung für Architekten Stucki & Meili und Gustav Kruck.
1976/78	Geschäftshaus Gotthardstrasse/Verlängerung Industriestrasse (zusammen mit Th. Hürlimann).
1982	Wohnüberbauung Eichholz Steinhausen: Verkauf an Pensionskasse des Kantons Zug. Architekturwettbewerb zusammen mit kantonaler Baudirektion (Nachbarparzelle).
1987	Vier Einfamilienhäuser am Höhenweg, Zug, Architekt Walter Flüeler.
1987/88	Eigentumswohnungen am Moosbachweg, Zug (mit Bentom AG).
1988	Sechs Einfamilienhäuser an der Weinbergstrasse/Ecke Ägeristrasse, Zug, Konsortium, Architekten Keiser & Müller, GU Aula AG.
1991	Geschäftshaus Seerose Rigistrasse, Zug, erstellt im Konsortium, Architekten E. Weber und W. Flüeler.
1995/96	Verwaltungsgebäude und Werkhof der Wasserwerke Zug an der Chollerstrasse: Grundstückstausch, Landverkauf an die WWZ, Architektur: Wiederkehr und Krummenacher, Generalunternehmer Alfred Müller AG.
1996/97	Eigentumswohnungen und zwei Einfamilienhäuser am Schilfmattweg, Zug, zusammen mit E. Brandenberg, Architekten Wiederkehr und Krummenacher.
1998	Altersheim Neustadt, Zug: 1983 Landkauf von O. Felber AG. 1998 Teilverkauf an die Stadt Zug (mit Bentom AG).
2004/05	Terrassenhäuser, Weidstrasse Zug: Erstellt im Konsortium. Hohe Pfahlwand für Hangsicherung. Generalunternehmer Hammer Retex AG.

2007	Vier Einfamilienhäuser, Hagendorn, Cham: Erstellt im Konsortium, Architekt A. Fischer.
2008/09	Eigentumswohnungen Zugerstrasse, Baar: Haus Merkur, Kauf nach Baubewilligung durch Wohnhof AG, Gewerbe im Erdgeschoss, Architekten Wiederkehr und Krummenacher.

**Erschliessen von Quartieren/ Erstellen von Bauten
auf eigene Rechnung oder Verkauf von Bauparzellen**

1887/1936	Damm- und Albisstrasse, Zug: Erwerb diverser Landstücke auch im Bereich der damaligen Schützenstrasse.
ab 1910	Villenquartier Hänibüel, Zug: Nussbaumer & Landis erstellen nach dem Bau der Zugerberg- und Strassenbahn (1907) das Quartier Hänibüel.
1920–1930	Areal am Tirolerweg und Gärtliweg/Baarerstrasse, Zug: Kauf, Tausch, Erschliessung und späterer Verkauf von Bauparzellen.
ab 1936	Unterleh/Rosenbergweg, Zug: Landkäufe, Strassenbau, späterer Verkauf von Bauparzellen.
ab 1936	Rebmatt Oberwil, Zug: Kauf des Bauernhofes Rebmatt. Später erfolgen Einzonung, Strassenbau, Parzellierung und Verkauf in mehreren Etappen von über einem Dutzend Bauparzellen (Gründung Rebmattgenossenschaft).
ab 1948	Im Lauried, Zug: Landkäufe, Teilerschliessungen in Zusammenarbeit mit der daran beteiligten Lauried AG (Gründung 1948).
ab 1950	Perimeterbereich Ibelweg, Zug: Lauried AG und Karl Landis & Cie. erstellen die 93.36 m lange Ibelstrasse von der V-ZUG bis zur Gemeindegrenze Baar, Parzellenverkauf.
ab 1950 bis ca. 1970	Rötelgebiet, Zug: Landkäufe, Bau der ca. 650 m langen Rötelstrasse (Weinberg- bis Lüssirainstrasse) samt Stützmauern und Kanalisation. Erschliessung, Verkauf von über 30 Bauparzellen für Terrassen-, Ein- und Mehrfamilienhäuser. Ende der 60er-Jahre war es aus konjunkturellen Gründen nicht möglich, baureife Parzellen zu verkaufen.
ab 1960	Gimenen, Oberwil: Landkauf, Bau der Gimenenstrasse (Etappen), Baulandverkauf. Ab 1970 Bau eines Teil des Gimenenwegs für 103 Eigentumswohnungen.
ab 1968	Lüssirain, Obersack, Zug: Erstellen der grossen Dammschüttung und Bau der oberen Lüssirainstrasse (Länge 180 m) mit Zufahrt von der Rötelstrasse. Bau Teilstück Weidstrasse. Aufwändige Erschliessung für späteren Verkauf.
1972 bis ca. 2015	Baarermatte, Baar: Landkäufe und etappenweise Erschliessung des ehemaligen Werkhofareals. Bau der verlängerten Baarermattstrasse (erste Etappe 120 m). Projekt für Bachrenaturierung von 130 m Länge. 2008 Architekturwettbewerb für 140 Wohnungen und Dienstleistung, Axess-Architekten, Zug.

Quellen und Literatur

Archive und Bibliotheken
Generallandesarchiv Karlsruhe
Staatsarchiv des Kantons Basel-Landschaft
Staatsarchiv des Kantons Luzern
Staatsarchiv des Kantons Schwyz
Staatsarchiv des Kantons Zug
Staatsarchiv des Kantons Zürich
Stadtarchiv Zug
Stadt- und Kantonsbibliothek Zug
Bürgergemeinde Zug
Katholische Kirchgemeinde Kirchdorf
Katholische Kirchgemeinde Wettingen
Katholische Kirchgemeinde Zug
Ev.-ref. Kirchgemeinde des Kantons Zug
Archiv Firma Landis Bau AG, Zug
Archiv Helsana (Dokumente Artisana), Zürich
Archiv HG Commerciale, Zürich
Archiv Wasserwerke Zug
Privatarchiv Richard Hediger, Rotkreuz

Festschriften der Firma Landis Bau AG:
200 Jahre Berufstradition in der Familie Landis, verfasst von Karl Landis, Zug 1935.
225 Jahre Freude am Bauen, Zug 1984.
Aufbauend, vorwärtsschauend, 240 Jahre Landis Bau AG, Zug 1999.

Weitere Publikationen von Landis Bau AG:
Wanderbuch und Reisepass von Leonz Landis, 1833, Nachdruck von Landis Bau AG, Zug 2001.
Diverse Ausgaben der Firmenzeitschrift «Landis Bauteam», ab 1992.

Publikationen von Landis-Protagonisten:
Landis, Karl: Fünfzig Jahre Baumeisterverband Zug und Umgebung, 1907–1957.
Rust, Karl: Aufsicht und Führung: Das Troika-Modell, Mit Unternehmergeist zum nachhaltigen Erfolg, Verlag NZZ, Zürich 2007.
Ders.: Landis erschliesst das Rötelgebiet, in: Nachbarschaft Rötel 1983–2003.
Ders.: Bau-Aspekte, Ansichten und Einsichten zum Thema Bauen, Impressum Verlag, Zürich 1986.

Nachschlagewerke

Architektenlexikon der Schweiz 19./20. Jahrhundert, hrsg. von Isabelle Rucki und Dorothee Huber, Basel 1998.

Inventar der neueren Schweizer Architektur 1850–1920, Zug, von Christine Kamm-Kyburz unter Mitarbeit von Christian Raschle, Separatdruck aus Band 10 der Gesamtreihe, Bern 1992.

Iten, Albert, Ernst Zumbach: Wappenbuch des Kantons Zug: Heraldik und Familiengeschichte, Zug 1974.

Verzeichnis der schützenswerten Bauten, Baugruppen und Anlagen der Stadt Zug, 2 Bde., von Irma Noseda, Zug 1989/90.

Zuger Ortsnamen: Lexikon der Siedlungs-, Flur- und Gewässernamen im Kanton Zug, von Beat Dittli, 5 Bde., Zug 2007.

Literatur

Allemann, Fritz René: 26mal die Schweiz, Panorama einer Konföderation, München 1965.

Ammann, Werner: Chronologische Aufzeichnungen zur Geschichte der Spinnerei an der Lorze Baar, 1853–1953, II Teile, 1953.

Bauen in der Schweiz: Jubiläumsschrift aus Anlass des 75jährigen Bestehens des Schweizerischen Baumeisterverbandes, Zürich 1972.

Bericht und Baurechnung über Erstellung der Wasserversorgung der Korporation Baar, Zug 1898.

Brandenberg, Rolf: Die Wirtschafts- und Bevölkerungsentwicklung des Kantons Zug 1850–1960, Dissertation Zürich 1969.

Doggweiler, Robert, Wilhelm Kuhn: Geschichte der Protestantischen Kirchgemeinde des Kantons Zug, Zug 1963.

Frigo, Markus: Die Bürger- und Korporationsgemeinden im Kanton Zug, Diss. Zürich 1971.

Glauser, Thomas, Peter Hoppe, Urspeter Schelbert: 12 Bevölkerungsporträts: Eine Auswertung der Volkszählung von 1850, Zug 1998.

Grünenfelder, Josef: Der Bau des Theater-Casino in Zug 1905–1909, in: Zuger Neujahrsblatt, 1981, S. 41–54.

Ders.: Die Kunstdenkmäler der Schweiz: Kanton Zug, Neue Ausgabe, Bd. II (Die ehemaligen Vogteien der Stadt Zug), Bern 2006.

Hediger, Richard: Risch: Geschichte der Gemeinde, Rotkreuz 1982.

Koch, Hans: Zum Andenken an Karl Landis, Baumeister Zug, 1965.

Ders.: Wolfgang Henggeler 1814–1877, in: Schweizer Pioniere der Wirtschaft und Technik, Bd. 10, 1959.

Ders.: Erinnerungen – Zunft der Bauleute der Stadt Zug, Zug 1981.

Landis, Peter: Horizonterweiterung durch Wandern, Separatdruck aus dem Zuger Neujahrsblatt 2002.

Landmann, Robert: Ascona: Monte Verità, Frauenfeld 2000.

Leutenegger, Hajo: 100 Jahre Aktiengesellschaft Wasserwerke Zug, 1892–1992, Zug 1992.

Matter, Gerhard: Der Kanton Zug auf dem Weg zu seiner Verfassung von 1876, Diss. Zürich 1984/85.

Morosoli, Renato: Zweierlei Erbe: Staat und Politik im Kanton Zug 1803–1831/47 nach den Erfahrungen von Ancien Régime und Helvetik, Zug 1991.

Mühle, Josef: Hundert Jahre Gewerbeschule Zug, 1830–1930, Zug 1931.

Müller, Albert: Walchwil, eine Gemeindegeschichte, Zug 1979.

Ders.: Zug im jungen Bundesstaat, Separatdruck aus «Der Geschichtsfreund», 133, Band 1980.

Nigg, Walter, Ueli Ess: Grossvaters Zug: Ein Fotobuch der Stadt Zug im 19. Jahrhundert, 3. Aufl., Zug 1984.

Nussbaumer, Reto: Dagobert Keiser und Richard Bracher: Architekten in Zug 1906–1937, Lizentiatsarbeit Universität Zürich, 1998.

Orsouw, Michael van, Judith Stadlin, Monika Imboden: Adelheid – Frau ohne Grenzen: Das reiche Leben der Adelheid Page-Schwerzmann, Zürich 2003.

Ders., Judith Stadlin, Mike van Audenhove: Platz da: 100 Jahre reformierte Kirche Zug, Zürich 2006.

Raschle, Christian: Die Zunft der Schreiner, Drechsler und Küfer der Stadt Zug, 1585–1985, Zug 1985.

Schalch, Jürg Alexander Johann: Zug kommt zum Zug: Umfeld, Baugeschichte und Auswirkungen der ersten Eisenbahnlinie im Kanton Zug, Steinhausen 1997.

Scheidegger, Fritz: Aus der Geschichte der Bautechnik, Band 1: Grundlagen, Basel 1994.

Sigrist, E.: 50 Jahre Handelsgenossenschaft des Schweiz. Baumeisterverbandes, 1899–1949, Zürich 1949.

Spillmann, Werner: Zug von der landwirtschaftlichen Region zum erfolgreichen Wirtschaftsplatz, Zug 1988.

Stopp, Klaus: Die Handwerkskundschaften der Schweiz: Arbeitsattestate wandernder Gesellen, Weissenhorn (Bayern) 1979.

Utinger-Speck, Albert: Festschrift zum 50. Jahrestage der Eröffnung der Wasserversorgung in Zug, Zug 1929.

Trauerrede für Marie Landis-Gysin: von Pfarrer R. Doggweiler in der Prot. Kirche in Zug, 1934.

Zuger Vorstadt (Die): Gedenkschrift zum 100. Jahrestag der Vorstadtkatastrophe vom 5. Juli 1887, hrsg. von der Stadt Zug, Zug 1987.

Zeitungen/Zeitschriften:

Das Wandern ist des Maurers Lust, von Georg Bertschinger, in: bau, Nr. 10. Oktober 1979.

Der Beton ersetzt den Sandstein: ZN-Serie «Firmen im Wandel der Zeit: Die Landis Bau AG, Zug», in: Luzerner Neueste Nachrichten/Zuger Nachrichten, Nr. 106, 7. Mai 1994.

Die Meisterschaft Menzingen ist dieses Jahr 165-jährig, in: Luzerner/Zuger/Nidwaldner Tagblatt, 24. Januar 1987.

Fünfzig Jahre Baumeisterverband Zug und Umgebung, in: Zuger Volksblatt, 27. November 1957.

Hundert Jahre HG Commerciale, in: Schweizer Bauwirtschaft, 18. Juni 1999.

Mitarbeitertreue als Firmenzeichen: Landis Bau AG, Zuger Nachrichten 117, 1993.

Noch viel Handarbeit: Als die Zugersee-Strasse gebaut wurde, in: Zuger Nachrichten, 13. Januar 1984.

Sanatorium Adelheid: Bericht im Zuger Volksblatt, 21. Mai 1912.

Zug – Ansichten und Aussichten einer Stadtlandschaft, Beilage zu Hochparterre, Nr. 1–2, 2008.

Zuger Baumeisterverband: eine Chronik durch 75 Jahre, Luzerner/Zuger/Nidwaldner Tagblatt, 10. April 1982.

Zum Bau der Pfarrkirche St. Michael, von Albert Müller, Jubiläumszeitung 100 Jahre Pfarrkirche St. Michael Zug, 1902–2002.

Zum Rücktritt von Johann Landis als Präsident des Handwerker- und Gewerbeverbandes des Kantons Zug, Gewerbeblatt, 29, 1926.

Zum Tod von Johann Landis, in: Zuger Nachrichten, Nr. 14, 31. Januar 1936 sowie in: Zuger Volksblatt, Nr. 14, 3. Februar 1936.

Zum Tod von Karl Landis, in: Hoch- und Tiefbau, Nr. 16., Zürich 1965.

Diverse Ausgaben der Schweizerischen Bauzeitung (ab 1883), des Zuger Kalenders (ab 1856), des Zuger Neujahrsblattes sowie des Tugium.

Bildnachweise

S. 8: Kantonale Denkmalpflege; S. 14: Flying Camera, Baar; S. 15: Stadtarchiv Zug; S. 17: Kolleg St. Blasien – Jesuitengymnasium; S. 20: Stadt- und Kantonsbibliothek Zug; S. 21/22: Richard Hediger, Rotkreuz; S. 24 und 26: Fotodesign Fagagnini; S. 30: Zuger Neujahrsblatt, 2002; S. 33: R. Enzler; S. 34/35 unten: Kantonale Denkmalpflege Zug; S. 44 oben: Oskar Rickenbacher; S. 49: Wasserwerke Zug; S. 52 unten: Verein Industriepfad Lorze; S. 57 oben: Kantonale Denkmalpflege Zug; S. 58: GGZ/Sibylle Pacher, St. Andreas; S. 60: Kath. Kirchgemeinde Zug; S. 61 unten: Kantonale Denkmalpflege Zug; S. 65: HG Commerciale; S. 68 oben: R. Enzler; S. 68 unten: E. Grau, Zug; S. 76 unten: Markus Frigo; S. 87 unten: Leo Hafner, Zug; S. 93 unten/94 oben/95: Flying Camera, Baar; S. 96: Guido Baselgia; S. 97 oben: Ottiger Fotografie, Zug; S. 97 unten: Flying Camera, Baar; S. 99/100/101/102 oben: Flying Camera, Baar; S. 103: Fotodesign Fagagnini.

Die historischen Aufnahmen von Zug und der Landis-Bauten stammen hauptsächlich aus der Fotosammlung Walter Nigg (WANI), Baar.

Umschlag vorne: Illustration von René Villiger.

Umschlag hinten: Landis Bau – «Bauen mit zwei Geschwindigkeiten»

Dank

Ganz speziell danken möchte ich Richard Hediger für seine gründlichen Recherchen und für seine zahlreichen Hinweise und Dokumente über die Familie Landis in Risch. Seine Unterstützung hat wesentlich zum Gelingen des Buches beigetragen.

Mein besonderer Dank gilt ausserdem Urspeter Schelbert und dem ganzen Team des Staatsarchivs Zug. Einen wichtigen Beitrag zum Gelingen dieses Bandes haben auch Christian Raschle und Thomas Glauser vom Stadtarchiv Zug geleistet. Thomas Glauser hat mir zudem wichtige Informationen aus dem Archiv der Katholischen Kirchgemeinde Zug vermittelt. Albert Müller gab mir wertvolle Hinweise zum Manuskript.

Ein weiterer Dank gilt Stefan Bayer, Bürgerschreiber, und Guido Obrist von der Ev.-ref. Kirchgemeinde des Kantons Zug. Ganz herzlich danken möchte ich ausserdem Cécile Bertoli-Landis und Peter Landis, dipl. Bau-Ing. ETH: Sie haben mir wesentliche Originaldokumente, darunter zahlreiche Bilder, über die Familie Landis zur Verfügung gestellt und mir wertvolle Hinweise gegeben.

Wichtige Auskünfte und Dokumente haben mir auch die Architekten Eraldo Consolascio, Leo Hafner und Walter Flüeler gegeben. Hajo Leutenegger, Erwin Häusler, Max Wolf und Markus Frigo bin ich ebenfalls zu Dank verpflichtet.

Danken möchte ich schliesslich auch allen Personen, die der Firma Landis verbunden sind und die über wichtige Etappen des Unternehmens berichtet haben. Das Landis-Team hat mich stets herzlich empfangen und in diversen Angelegenheiten unterstützt.

Anmerkung des Autors:
Die Daten der Erstellung der Gebäude können leicht variieren (vom Rohbau bis zur Eröffnung). Für den Zeitraum von 1850 bis 1920 dient das «Inventar der neuen Schweizer Architektur, Zug» als Grundlage.

Adresse des Autors
Dr. Bernhard Ruetz
Verein für wirtschaftshistorische Studien
Vogelsangstrasse 52
CH-8006 Zürich